浦睿文化　出品

涂睿明 著

古瓷之光

湖南美术出版社

· 长沙 ·

目录

第三章　宋丨初长成

第四章　元 ｜ 分水岭

第五章　明 ｜ 巨人

第六章　清 | 盛极而衰

序言

　　曾经，中国陶瓷的美征服了世界！

　　它占领欧洲中产阶级家庭的餐桌、壁柜，陈列在土耳其国王宫殿最显著的位置，供奉于日本幕府将军的壁龛；它被收藏在世界各地最宏大的博物馆，与人类最杰出的艺术品共聚一堂、分庭抗礼。数百年间，不论地域、文化、种族，无数人都为之倾倒。但今天人们似乎把关注的焦点全然转移到他处，很少真正关注它的美。

　　拍卖会更关心一件瓷器的真伪、稀有程度、时间是否久远，它为谁烧造，被何人使用、收藏又流转于何人之手。于是，长久以来，宋瓷在拍卖会上的表现，就往往难以与某件传承有序的乾隆官窑瓷器相抗衡，尽管它展现出无尽的精巧、华丽与复杂，却未能超越那看似简单朴素的器形与颜色带给世界的美的感动——连乾隆皇帝本人也必定这么认为（他令宫廷画家画下的他最钟爱的瓷器，绝大多数都出自宋代）。

　　考古学家殚精竭虑地寻找、发掘古代窑址，搜寻蛛丝马迹判断一件器物的产地、时代、真伪。而它的美不在考古学家的职责范围，所以考古报告独独没有美的位置。

　　展览的情况也类似。一个展览的分量往往在其"学术性"，而不是"美"。去年我专程到浙江省博物馆参观"天下龙泉"展览。最引人注目的两件藏品：一件是船形砚滴，显赫而炫耀地摆放在入口处。但即使置身于众多龙泉青瓷的杰作中，它也无足轻重，不过略显奇技淫巧。更不必说将之放置在整个陶瓷史如群星闪耀的众多杰作之中，而它却堂皇地成为某大博物馆的镇馆之宝。另一件是来自日本的"蚂蝗绊"，被深藏在展厅的腹地。人们走进展厅，经过长廊，在安保人员的指引下绕过几个拐角终于找到。然后屏息凝气，按几下快门，发出一声声赞叹，心满意足地离开，甚至不再看一眼展览上其他众多的藏品。而那只是一件残破的青瓷碗，毫不掩饰地显露出处处修补的痕迹——几枚锔钉——这从来被当作是无可奈何的举动，仅仅表现出拥有者对瓷器本身的无比珍视，却并不能增加它本身的价值。因为无论在什么时候，一个破碗的价值都会远远低于它破损之前。即使它没有破损，同时代更为精彩的杰作在同一个展厅里也难以胜数，却少有人留意。其被关注的原因仅仅是其背后写满传奇的故事。人们关注的，并不是它的美。

　　一度，我也曾在书中寻找陶瓷之美的线索，结果同样令人失望。古人很少谈论瓷器，或许是所谓玩物丧志吧。偶尔谈及，不过只言片语。

　　今天，陶瓷鉴赏书大大丰富，但同样并不乐观。

　　想象一下，如果你在一本书中首先读到这样一段文字："一双丹凤三角眼，两弯柳叶吊梢眉，身量苗条，体格风骚，粉面含春威不露，丹唇未启笑先闻。"你必然要调动所有想象力，并试图回想熟人中或看过的影视剧中有否相似的美人，加以印证。但是反过来，你见到一位美人，耳闻目睹其音容笑貌，那样文字就显得多余了。

　　我们在陶瓷鉴赏书中读到的往往是如下的文字：侈口，直颈，圆腹，以青花绘龙纹。这些文字或在图片的一侧，或在图片的下方。如果没有图片——比如古代宫廷陶瓷档案——这样的文字大有存在的价值和意义。但你已经看到这件瓶是直颈，为何还要写下"直颈"，难道是防备有人会看成弯的？我们甚至会为侈口疑惑，这不过是业内形容口部外张的一个"术语"——你又学到了一个新词，但这与你观察并欣赏一件瓷器毫不相关。

另一类所谓陶瓷美学的书籍，又往往大而化之。它们试图用种种概念来囊括长达数十年乃至数百年历史长度的无限丰富的美。这无疑会造成极大的困扰和误读，比如认为宋瓷就是极简，认为乾隆官窑瓷就是繁复。

在我眼中，陶瓷之美的历史，不过是一件件美妙陶瓷的历史，像一颗颗珍珠，在历史上闪烁着迷人光彩。谈到宋瓷，我脑中浮现的是汝窑水仙盆，官窑的弦纹瓶，建窑的兔毫盏；说到明代瓷器，我想到翠青釉三耳盖罐，甜白釉梅瓶，填红三鱼高足碗，青花海水龙纹抱月瓶。每一件都具体、真切、无与伦比，它们串起如项链。

并非不需要美的思辨，但更重要的，难道不是对一件件瓷器的美的感受吗？如果我们不能深切地感受一件陶瓷的美，理解它如何美、为何美，甚至给我们的生活带来怎样的美，再多的陶瓷"专业"知识，又有何益？

不过，如果一件精美的瓷器足以唤起人们最深切的美的感受，又何须文字？美难道不是难以捉摸，更难以言传的吗？

事实并非如此。

美虽然源于器物本身，但理解和欣赏美非但不纯粹出于自然，甚至必须通过学习获得。凡·高画作的美在今天的人们看来无须多作解释，但如果它能自然唤起美的感受，为何与他同时代的人会对他嗤之以鼻、不屑一顾，以至于他在绝望中结束了自己的生命？

是的，如同语言，理解和欣赏美需要学习，特别是在普遍缺乏美学教育的今天。且不说一般人对古代陶瓷之美缺乏基本的了解，即使如博物馆这样的专业机构，也常常因为不懂得美或忽视美而把一些美学上乏善可陈的陶瓷视为珍宝，而让另一些美的杰作在仓库中蒙尘。

去年，出版人陈垦多次与我讨论这个话题。他在生活美学方面出版的众多书籍引领风潮，取得的成绩有目共睹。我的《捡来的瓷器史》出版之后，他希望能有一本关于陶瓷之美的著作，而我也一直有这样的想法。去年出版的《纹饰之美》刚好是这样一本书的前奏。

在诸位即将读到的这本书里，我将通过一件件陶瓷史上的杰作，让人们能够领略陶瓷无限丰富的美。

我选择了77组瓷器（不可避免地带有我个人的偏好甚至偏见），希望借此让人们对中国陶瓷的美，有更加具体的认知和感受，而并非停留在对某一时期概念性的了解，除了反复玩味几个一再重复的词语，比如简洁、大气等而再无其他。

这个数字听起来很有些神秘的意味，刚好也是我出生的年份。其实在这份炫目的清单上增加或减少几件，并不会对本书造成多少影响——其实最初的设想是80或100件，也不过是屈从于凑整数的习惯。

了解并欣赏这些瓷器的美虽不困难，也并非轻而易举。

毕竟陶瓷之美是无比丰富而复杂的。它如同雕塑占据空间；它是绘画；它在装饰艺术领域的成就，令 19 世纪西方最重要的建筑设计师之一欧文·琼斯无比痴迷，他竟将其所见一笔笔画下来；它如玉的质地在千年以前令一位宋代皇帝爱不释手，不惜将自己的年号赐予烧造它们的小镇，如今皇帝的名字少有人知，小镇却在数百年间令全世界为之疯狂，那个年号叫"景德"；更不必说它工艺之精巧、结构之复杂常常让我们惊叹人类双手所能创造的奇迹。

是的，陶瓷之美包含着造型之美、绘画（装饰）之美、材质之美以及工艺之美，更包含着生活之美。毕竟，每一件瓷器的诞生，无一例外都是满足于生活的需要。

这 77 组陶瓷，将从不同的侧面代表和展现中国陶瓷惊人而无穷的魅力。我将试图阐明这些美是如何产生的，要如何欣赏，又是如何与古人的生活发生联系的。

没有深入的了解，就不会有深刻的把握，更难有深切的体验。

小时候学书法，一直难以理解唐代大书法家欧阳询路遇名碑的故事。欧阳询居"欧颜柳赵"之首，楷书冠绝古今。一次，他在路边偶遇一块石碑，是西晋大书法家索靖的手笔。他停马观赏良久不忍离去，最后竟在碑前读了三天！

有人对着一幅名画流泪，但同一幅画，多数人却只是走马观花，一带而过。在人头攒动的博物馆，人们仅仅满足于到此一游。并非不愿多做停留，而是当我们缺少必要的了解，也就不可能感受到那些伟大艺术真正的美，又如何长久驻留？

当我们真正懂得了一件瓷器的美，懂得如何欣赏其造型的优雅、颜色的美妙、画面的意趣，就会在博物馆里面对它时感到震颤，驻足良久，不愿离去。

希望这本书能够成为那把钥匙，去打开通往陶瓷之美的大门。

写作的过程自然是艰苦的，因为日常还需要烧造瓷器，那是同样艰辛的工作。对我而言，写作的过程还有另一重深意。事实上，这些陶瓷史上的杰作，很多本来就是我效仿的对象，有如临帖。写作的一年多时间是我另一次深入研究与领悟的旅程——有如读帖：远观其势，近取其质，在被人忽略的细枝末节中领会高超的技艺与微妙的变化。

但收获是巨大的。希望这些收获能在书中呈现，更能在我的作品中呈现，与你分享。

第一章

先秦 — 初生

早期制陶业技术的提升进展缓慢，地域与时间跨度又大，不同时期、不同风格间的关联几乎无迹可寻，有如早期人类的历史。试图找到美学发展的规律既无必要，也无可能。某种风格在当时延续千年，影响广泛，数量众多，却被历史淹没；某件作品横空出世，前无古人，后无来者，却足以代表一个时代的高度。

尽管原始，它们却常常出人意料地展现出不可思议的创造力与美，令后世惊叹。

仰韶文化鹳鱼石斧图彩绘陶缸

|

画之初

这是人类最原始的绘画，最初的造物。

想象将其陈列在一座现代艺术馆空旷明亮的展厅中央。

一个刚学画的孩子会指着它对妈妈说：妈妈，我也能画。而一位年轻的艺术系女大学生也许会认为这是一件现代艺术品，并对男友说：看，多么简洁、传神，寥寥数笔就产生了一幅杰作。如今，现代艺术不断从原始艺术中汲取灵感或与之神会。毕加索的牛直接从最原始的拉斯科壁画中诞生；我第一次看到敦煌第428窟的一些壁画时（图1.2），以为遇见了爱德华·蒙克。

这件陶器诞生在距今大约六千年。

在当时看来，这样的"作品"算是特立独行的。那是新石器时代晚期，今天我们称之为仰韶文化，人类已经发展出成熟的农业，不再于丛林中冒险，采摘果实，围捕猎物。人们定居下来，种植粮食，使用火。陶在人类文明的发展进程中功不可没。

尽管不够坚固，为数不少的陶器却也留存下来，令我们足以借助有限却无比生动、准确的细节勾画出先民们的生活场景。

图1.1 鹳鱼石斧图彩绘陶缸 | 中国国家博物馆 藏 ▷

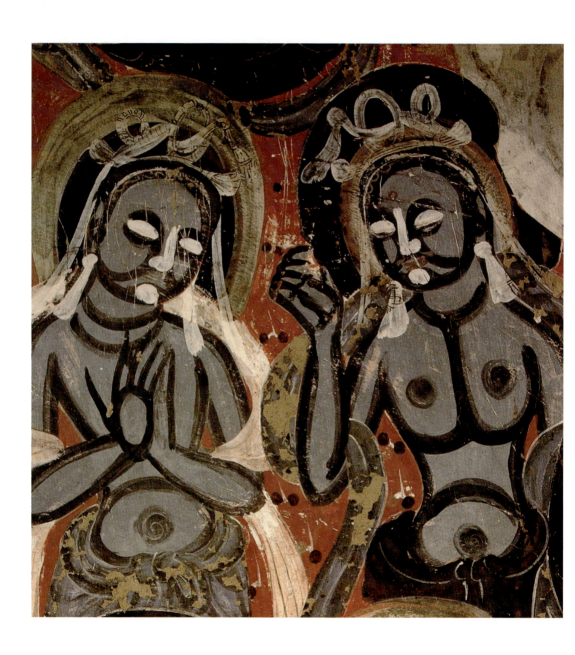

△ 图 1.2 敦煌莫高窟第 428 窟壁画局部

一开始，人类就不乏创造美的无限冲动：可供使用的工具、材料极度贫乏，但想象却无比丰沛，没有边界。

留存的陶器无一例外都被"美化"，但其中绝大多数都是没有确切意义的纹样装饰。直线或曲线，简单的造型，神秘的图案。其中的一些影响至今，但另一些，如果不是考古的发掘将其慎重地陈列于博物馆，可能就从历史上消失了。

奇迹一般，这件陶器穿越六千多年的历史，幸存了下来。

它的体形硕大，高度达到惊人的 47 厘米，放到今天，都足以令人赞叹。

在中国国家博物馆馆藏的标签上，这件陶器定名为瓮，无须深究，毕竟诞生的那一刻，先民或许还来不及给它取名，如《百年孤独》里的马孔多："世界新生伊始，许多事物还没有名字，提到的时候尚需用手指指点点。"

彼时是否对其指指点点已不可知，涂涂画画却留下确凿的证据，它也因此成为陶瓷史的奇迹。

陶瓮创造了一个巨大的空间（相较于一般的陶器而言，它甚至太大了），绘画的作者似乎还嫌不够：一只鹳鸟硬生生地撑满了立面，对面的石斧也不含糊。鱼就谦虚多了，不及鹳鸟的一半。但考虑到鱼和鹳鸟的真实比例，这无疑是条大鱼。

以今天的角度看，这完全是中国画大写意的手法，又或者近于儿童画。鱼不过三五笔，鱼身、鱼鳍、鱼尾、鱼眼就都有了。远比鱼简单的石斧却不厌其烦地交代种种细节：木质的手柄、石质的斧头以及它们如何组装在一起，手柄下端似乎还缠着绳子，以利于抓握。这一切，都以黑色线条毫不含糊地勾勒出来，尽管有些笨拙。

形态最美的当然是鹳鸟，如此轻松自如，志得意满，仿若渔人垂钓后得意地将鱼篓拎在手上前摇后晃，鱼竿斜斜歪在肩上。比起更早的人类，此时的人们似乎不再有面对巨大猛兽时的紧张，不再担心每天的收获（看看拉斯科壁画中那些紧张的野兽吧）。连被当作武器的石斧，也好似玩具。

鹳鸟几分呆笨的眼神中似乎也满含轻松的笑意——谁说一只眼睛就是孤傲？它确实受到作者与众不同的对待：画面的所有部分都保持着恰当的比例，鱼头与鱼身的比例，鱼眼与鱼头的比例，更不用说石斧。可这只眼睛，显然大大超出了自然的比例，它是唯一的表情，被画者强调。

更令人惊讶的是，这只鹳鸟居然不是画出来的，而是"留"出的空白，如同剪影。

这是何等惊人的创作。

最初的绘画与装饰，无不依赖于点和线，尤其是线，在所有早期的人类绘画作品中无论是岩画还是陶罐上的纹样都充分展现出线的魔法。但在这件陶罐上，在鹳鸟身上，线居然被彻底放弃，尽管它有轮廓，但无疑是以面的方式呈现给观者。更不可思议的是，剩余的部分——鱼和石斧——仍是用线。它们并置一处，人们甚至意识不到这是两种完全不同的表现方式：它构成了画面的虚与实、阴与阳，无论是技术手段上还是视觉效果上。

这一壮举，在此后的数千年间再无声息。

当我们惊叹于画面的神奇魔法时，不要忘记画面所依附的器物，它的根基。

瓮的体形硕大，看似简单，造型却讲究；虽然是圆柱形，却并不直上直下。它由下而上渐渐舒展，口沿处微微一收，随即翻出一道卷边。

这不但增加了器形的美感，也具有实际的用途，搬动时，口沿处更容易抓握。直到今天，大缸的造型都延续了这样的设计。

卷边之下有几个突起，从实用的角度看似完全多余，于是我们只能推断，这突出的部分，完全是因为美的需要。

的确，它不是随意安置的。三个钮呈等边三角形，既不是两个，也不是四个。位置很靠上，刚好落在瓮体最宽的部位。侧面看，它将瓮体分为上下两部分，两者的比例无疑是极度夸张的。更值得一提的是，钮的形状也经过精心的设计，尽管无法确证，但认为是羊首恐怕不会造成太大的疑义。至少人们观看时，经过这样的提醒，会觉得"是挺像的"。中国人喜爱的"三羊开泰"的源头，完全可以附会于此。

没有证据显示，这件杰作对后来中国艺术的发展产生过什么影响。认为它开创了勾勒与没骨的画法也纯属一厢情愿。但谁又能否认，中华文明的基因已经孕育其中，尽管还只是微弱的光芒。它虽然曾经隐没在数千年的历史中从未被人发现，但却未曾从我们的基因中消失，像一颗种子，等待适当的土壤，再次生根、发芽，并最终长成参天大树。

马家窑文化彩陶

|

文明之光

马家窑文化距今四千多年，早于有文字记载的中国历史。

陶罐图式如此神秘，如蛙似人（图1.3）。这种画面不是孤例，它被大量发掘，数量惊人，成为最能代表马家窑文化的一种类型，被称为马厂型——以最初的发现地命名。

不难推想这与巫术或动物崇拜有关，把动物拟人，进而神化，不是中华民族的专利。

难以深究，也并不重要。我们的目的是欣赏。

它神奇的想象令人着迷。不过对比大量出土的陶罐，会发现它形成的过程：最初，尽力描绘蛙的自然形体，看不到人的痕迹。此后的创作不再以自然的蛙为对象，而以陶罐上的画面为蓝本，添枝加叶。最后形成了这神秘的蛙人。其间的过程漫长却不神秘，如同生物的演化：时间，可以创造出鱼的鳃、鸟的翅膀等奇迹。

合理的推测是因为先民感受到蛙的神奇力量。它自由地在水中和空气中生活，具有不可思议的跳跃能力，繁殖力惊人，数量众多——理应受到崇拜。

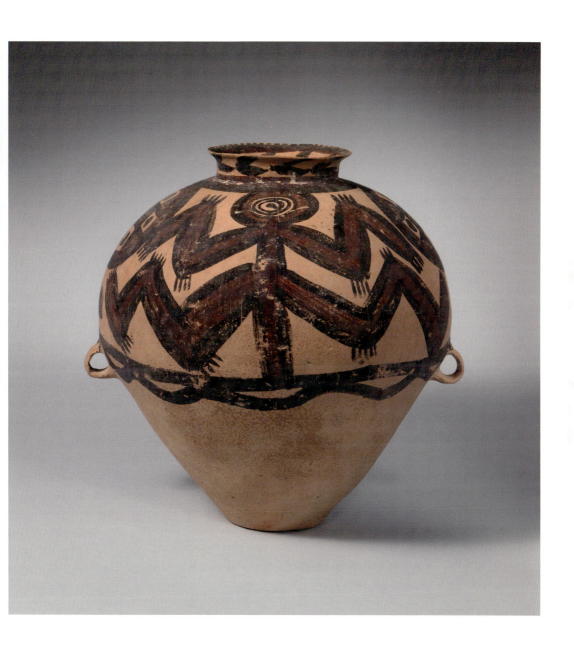

△ 图 1.3 神人纹彩陶壶 | 甘肃省博物馆 藏 015

考古学家遗憾地未能发现彩绘的工具，从线条推测可能是类似后来毛笔一类的工具，果真如此，简直可以把国画的源头推到四千年前。当然这并不重要，毕竟，马家窑文化发现的地方在今天青海、甘肃一带，远离中原。在中国漫长的历史中，大多数时候他们被视为异族。

但以线为主的表达，倒的确与国画相通。蛙人的头部与肢体都以黑线勾勒，再填上红色（多数时候，它们合成的是更粗壮的线，比如蛙的躯干和腿部），显得浓重热烈。古人常以丹青指代绘画——妙手丹青——丹是红色，青在古代也指黑色。这也许是某种神秘的巧合。

要说这种样式开启了中国画的历史当然牵强。单独看，它更像是某种抽象艺术，或被"艺术化"的一种图案、一个符号。

是的，一个神圣的符号。

它不仅仅是作为漂亮的装饰来美化陶罐。人们相信它具有某种神秘的力量，寄托一种信仰。事实上，这些陶罐绝大多数都是从墓葬中出土，但显然与后世的陪葬品不同，它们不是日常生活在另一个世界的映射，更具有某种神性，与死亡相通。

正因如此，人们才对之投以无与伦比的热情，制作数量惊人。有的墓中出土的陶罐多达数百件。

在当时，制作这样的陶罐付出的努力要远远超过后世。早期的陶器多数使用笨拙的泥条盘筑技术：先把泥搓成条转成一圈，再一圈一圈往上叠加，最后再把表面修平。这在当时也已经是一种进步的发明，足以制作出一些较大体量的器皿。如图 1.3 这种，高度都达到四十多厘米。

罐子的造型很有趣，身材壮硕，底足却收得很小，有如上肢过分发达的力士。陶罐上的彩绘看得出倾注了更大的热情，画面也更显热烈、奔放，充满力量。除了这种蛙纹,同样经典的还有一种旋涡状的纹样（图

　　　　　图 1.4　旋涡纹彩陶罐 | 甘肃省博物馆 藏　▷

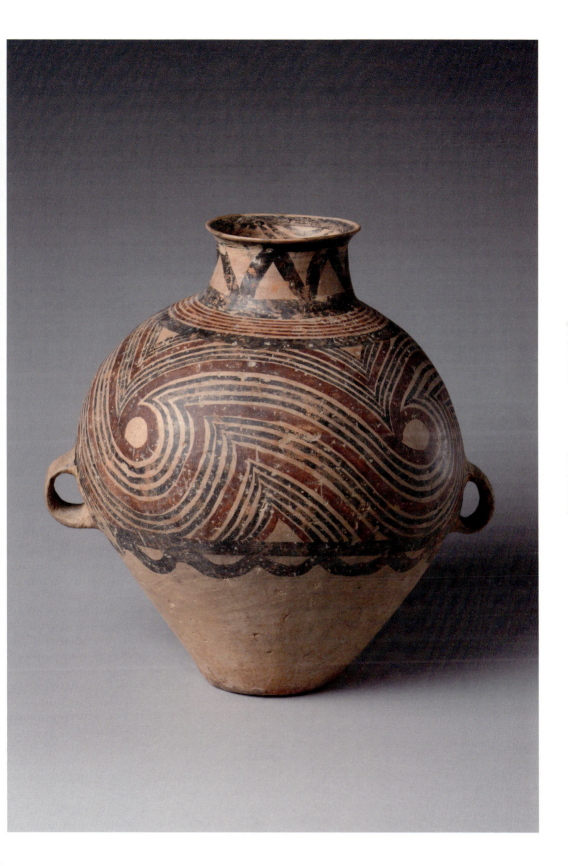

1.4），这种纹样被认为是水纹，推崇的是更早期先民对水的崇拜。与蛙纹形成巨大反差的是，蛙纹都是直线，水纹却全是曲线，一刚一柔。

无论曲直，都同样满怀激情，富于韵律，饱含力量。

龙山文化白陶鬶

|

变形记

如同科幻电影里的外星生物，它的名字叫鬶（音"规"），看上去像是外星文字。

《说文解字》里解释"鬶"："三足釜也。有柄喙。""釜"这个字人们并不陌生，曹植悲情的七步诗"煮豆燃豆萁，豆在釜中泣"，说的就是这个釜。还有熟悉的成语"釜底抽薪""釜底游鱼"，用的都是釜的本意——差不多就是现在的锅。鬶就是有三足的釜，配了嘴和把手。

以现代人无比丰富的物质经验，无论如何也难以想象这种鬶是装了三个足的釜。这当然只能从功能上来解释。

这种人类早期的饮食器用现在的话说叫"一体化设计"。釜或锅都是无法单独使用的，要有灶台，至少也要单独弄个支架，或支在锅下，或把锅吊起，前者是今天最常见的方法，后者偶尔在偏远地区还能见到。

有趣的是，足主要起到支架的功能，但这里的足本身也是容器，像个袋子。

不像鼎，同样是一体化设计，鼎的足就老老实实只做支撑，让人感到稳重扎实，鼎足而立。

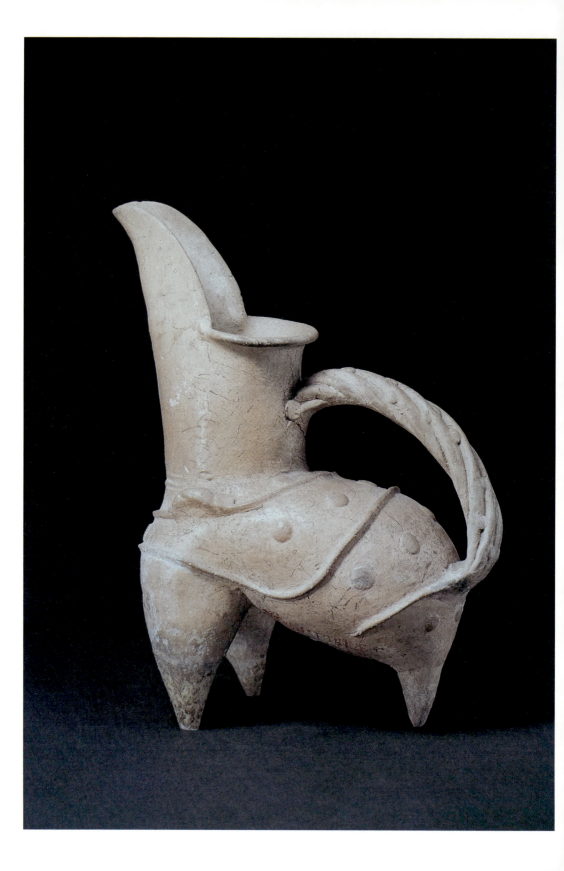

作为容器，这种足能否发挥最佳的功能颇值得怀疑（后世再也没有这样的设计了），但外观倒是可圈可点，很像某种卡通片里的宠物狗，又或是博特罗笔下肥美人的腿。

鬶在当时广为流行，很多地方都有出土，光是大汶口的一处遗址就发掘了近百件，但各大博物馆的众多陶鬶，几乎没有两件是一模一样的。它们好像是某种生物，一看便知，却个个不同。经过无数代的遗传变异，有的简直成了全新物种。

图 1.5 和图 1.6 这两件的基本特点一致：三个袋足，有如鸟嘴的口部，如尾的把手，直挺的器身。连装饰都很像：三道弧线。但差异又是巨大的；前者有如俯身的动物，后者更像直立的人；前者趋身向前，后者昂首向上。尽管差异巨大，但同样展现出奇异的想象与惊人的美。

这当然与制作的工艺有关。这种白陶鬶出现在距今四千多年的新石器时代晚期。制陶业尚不成熟，能够利用的手段有限，既没有标准化的流程，也没有制作的规范，更没有固定统一的样式。每一件产品都是单独制作，每一次都会在上一次的基础上有所变化：有时出于无意，有时出于想象与创意。不同的制作者又各自为政，无拘无束。

成果是惊人的。后世制陶业日益发达，工艺越发成熟，品质不断提升，但留给匠人的创造空间却越来越小。一种造型延续不断，其改变是缓慢的，一次与一次之间的差异难以觉察，积累数代才能一眼分辨。

现代工业化大生产造就了不可思议的成果，轻松重复制作高品质、单一化的产品，一件瓷盘，一万件、十万件、一百万件，绝无变化，也毫无瑕疵，但也无法分辨任意两个瓷盘之间的差异。

这是人类社会的进步，但代价也是不可避免的。

在当时看来，烧制鬶的白陶是另一种进步。它使用的瓷土与陶土不

◁ 图 1.5　橙黄陶乳钉纹鬶 | 山东省博物馆 藏　　　　　　　　　　021

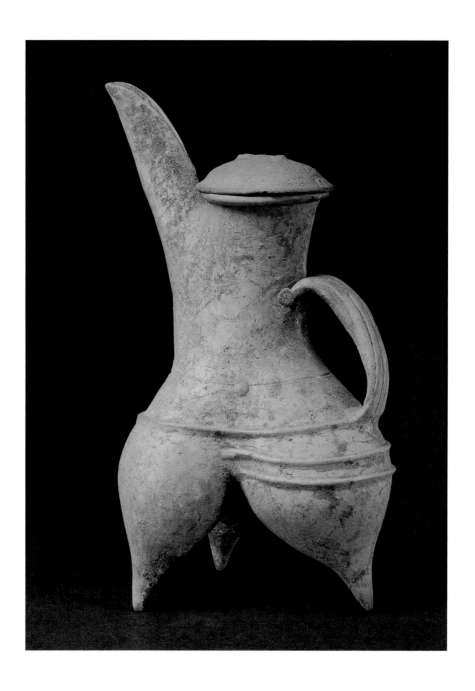

△ 图 1.6 白陶鬶形盉 | 山东省博物馆 藏

同，得以烧造出纯净的白色。我们并不清楚当时的人们是否将之视为更为贵重的颜色，但它的确无意中为瓷器的诞生指明了方向。

当时的人们并不会意识到这一点，甚至在此后的数千年间，人们也没有发现这一创造的真正价值。

直到白瓷诞生，人们才恍然大悟。

西周原始青瓷壶

晨曦初现的薄光

难以想象这是一件西周时期的作品，置之现代陶艺的展览现场也必定引人注目。

创作的意图与才华难以掩盖。

看上去只是一个小口鼓腹的瓶上加了一个把手，细看却大有文章。

口沿没有保持通常的水平，微微斜向把手（这是极为罕见的）；口部往下展开鼓起，到腹部忽然成了不周正的圆，仍是面向把手微微突起；更不可思议的是显著而均匀的拉坯痕迹，一圈一圈节奏稳定地漾开，到了腹部，忽然猛力甩动起来，仿佛一股突如其来的力量把轮车推向了失控的边缘，纹路粗壮、歪斜，如龙卷风。

匠人的神力却将之收服，风暴迅速平息，腹部一收，风平浪静，水波不兴。

圈足一张，稳稳立住。

把手就显得有些漫不经心，上接口沿微微靠下，下面落在"龙卷风"的最高处。没有刻意的修饰使之光滑优雅，却如力士的手臂显露出颜筋柳骨，仿佛正是这手臂的力量把口沿拉歪，把腹部拉起。

图 1.7 西周原始青瓷壶 | 安徽省博物馆 藏 ▷

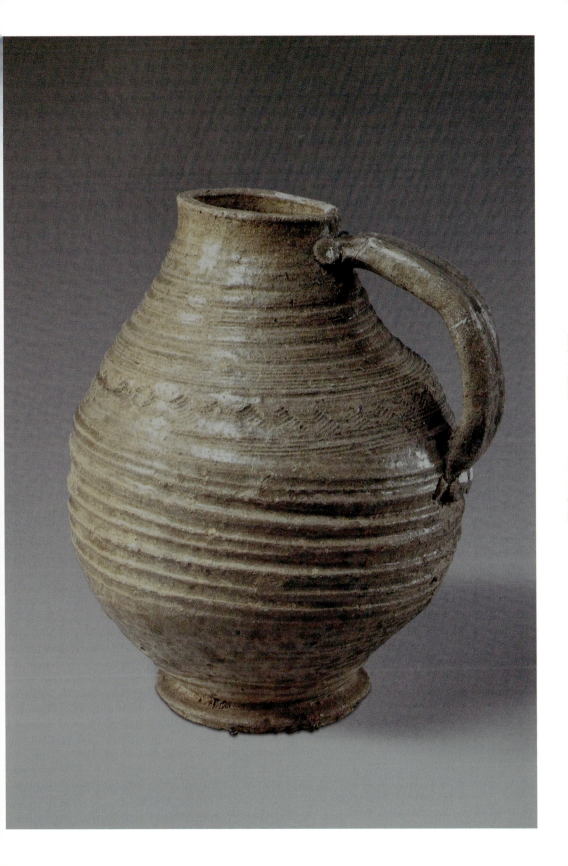

壶身摆出安静稳定的姿态，却处处不平不稳，不圆不滑；处处惊险，却总能在最惊险处转危为安。

腹部往上一圈很不寻常，像用某种硬刷一笔笔刷过，如画家不经意的笔触。没有任何机巧却暴露出装饰的意图。算不上纹饰，却无疑平添了器物的美。

壶粗糙的表面暴露了它的质地——陶，但一个细节却动摇了这一观察。壶身表面有一层薄薄的釉，微微闪着光。这是陶与瓷之间的一个重要区别。不过，要把它称做瓷器还为时尚早，简单归于陶器又似乎亏待了它，于是被叫做原始青瓷。

它的确原始，却预示了未来。

在此后两千多年的时光里，陶瓷工艺逐步提升，明清终至极轨。到乾隆时期，几乎穷尽了人类陶瓷手工的极限，此后再无超越。但随着工艺的成熟，陶瓷也渐渐沦为工艺美术。现代陶艺试图力挽狂澜却也无力回天，甚至认为只有摆脱了实用性，才能创作出真正的陶瓷艺术。今天，陶瓷艺术不再囿于对工艺的追求，陶艺家们终于得以在更广阔的维度表达自我。

我们回看这件作品时，会惊讶于两千多年前这位制作者内心的波澜在手中成形，那种我们称之为艺术创作的冲动，在这样一把小小陶（瓷）壶上尽显无余。

秦兵马俑

|

被遗忘的战士

过于恢宏壮观，完全无法与任何一件陶瓷作品联系起来，以至于我们常常忘记它是陶器。

我自然知道兵马俑是陶，但潜意识里却从来没有把它和陶瓷摆在一块儿。聊陶瓷，从没有人聊兵马俑。也是，历朝历代的古玩行里，就没人见过兵马俑。事实上，烧造兵马俑，本来也没打算让人看到。

前些年去西安看兵马俑，去之前，也不抱多大的期待。图册上，电视上，也记不得什么时候，在哪里，反正前前后后总是听过看过，熟得很。有时不免怀疑，亲见，到底有多大的价值？那么多游客感叹：不去终身遗憾，去了遗憾终身，或说还没有照片上好看。

随着人流走进大厅，忽然就吓到了。

只在影视剧中见过的军队阵列，肃穆眼前。

数百人上千人的队列悄无声息，仿佛在等待着一场大战，等待军鼓敲响勇往直前，等待一声号令冲入我们这些庸众的人群中。

没有比这更宏大的作品了。

即使是单独看，武士俑的大小也远远超过此后一切陶瓷作品。它们

比照真人大小制作，平均的身高竟达 180 厘米。要知道，陶瓷史上最大的物件，也不过 1 米左右。更不必说一整支军队，真实的军队。在人类历史上，这绝无仅有。

非但如此，每一位武士都有自己的表情、姿态。他们是相似的，却又个个不同。他们全副武装，一片一片铠甲层次分明，甚至铠甲上的铆钉也清晰可见。

一体烧成这样大小的陶俑是无法想象的。匠人们想到一个聪明的办法，将头、躯干、手脚分开制作模具（虽然不是单一一种模具，但却是有限的），重复烧造，再组合拼接，最后彩绘，可惜彩绘的装饰多数已不可见。

放到今天来看，这简直就是一件无比宏大的当代艺术作品（不禁想到艾未未的《一亿颗陶瓷瓜子》，刚好也是陶瓷）。它包含观念，也充满技巧。更为不可思议的是，它的创作，根本就不是要让人看见（试想一位艺术家创作一件伟大作品却拒绝一切观看）。

今天，人们普遍认为兵马俑体现了秦始皇守护死后世界的意图，这想法并不新鲜，也非中国帝王独有。但我觉得如此庞大的军队，哪里是对陵墓的守护，分明是对死亡的战争。比起始皇帝生前的任何一场战争，它更宏大，更持久，也更虚无。

从秦皇陵出来，我久久出神，无法平静。

第二天，我照计划去看塞夫尔瓷展。

展览上意外发现一件乾隆皇帝的瓷塑。这件瓷塑是根据乾隆时期在中国的一位传教士对皇帝本人的画像进行制作的。据说当时烧制了几件，其中一件还送到乾隆皇帝手中。瓷塑高约 30 厘米，皇帝的眼睛注视着前方若有所思。制作极见功力，造型精准，细节无比生动，栩栩如生。

◁ 图 1.8　秦兵马俑 | 秦始皇兵马俑博物馆 藏

第二章

汉唐
—
成长

　　由汉至唐，陶完成了向瓷的进化。瓷器初生伊始，仍嫌稚嫩粗糙，难称大雅，却是造型灵活，应用广泛，价格低廉，大受民间欢迎。尽管完全不具备挑战金银器的实力，但偶尔也能得到宫廷的关注。

　　美学上左冲右突，不断探索，一扇扇大门打开，开宗立派。

晋德清窑黑釉鸡首壶

|

吉

从东晋到唐，鸡首壶流行了数百年，之后戛然而止。

数百年间，鸡首壶尝试了多种多样的风格，大同而小异。小异却小看不得。黑釉的鸡首壶（图 2.1）是已知最早的一件，算得上原型，以后的小异都从它开始。

壶身丰满鼓胀——容器该有的样子。下部微微一收，丰满中透出一丝瘦劲，近底足处无釉，如美人微露的脚。

颈部收得紧，直挺挺，不偏不倚。口沿又忽然撑开，往上轻轻一展如花开。一道壶流从壶身抛起，在最高处俯身而下衔住口沿，有惊无险——是鸡尾。与之相对的是鸡首，直楞楞挺立，嘴直楞楞"O"着——这表情，必须是雄鸡，加上鸡冠，耀武扬威。眼睛睁得虽大，但迷迷离离，配得上傻楞楞的神情。

两侧有系，是翅膀位置，硬刚刚如螺帽。

壶身漆黑如夜，沉静、深邃、神秘。口沿处釉薄，泛出暗黄的胎体，如黎明将亮的微光。

壶的设计处处都有实用的要求。壶身饱满可多储水，口宽方便注水，

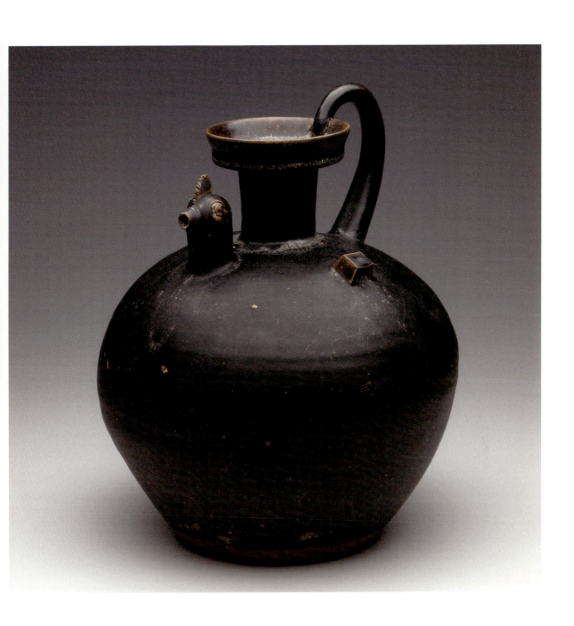

△ 图 2.1 德清窑黑釉鸡首壶 | 杭州博物馆 藏

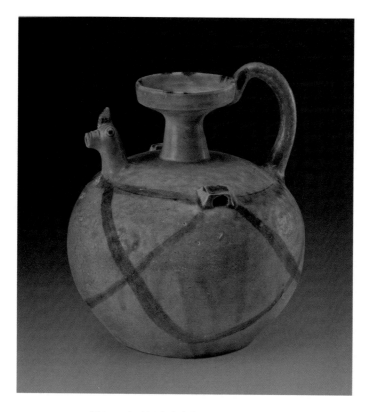

图 2.2　青釉褐彩鸡首壶 | 故宫博物院 藏

鸡首是壶嘴，"O"形口倒水流畅，把手的弧形方便抓握提拿。

　　陶瓷的美，多因实用而产生，却常能超越实用，有了自己的生命。

　　同时代的鸡首壶体态相似，风度却大不相同。

　　图 2.2 这件青瓷鸡首壶，不但身形更为夸张，装饰上仅仅用几根斜线交叉，显现出惊人的胆量。壶身更丰满，颈部往上渐收渐细，壶流在口沿处一扭托住盘口。种种细节的改变使它看上去更雍容，更有拙趣。

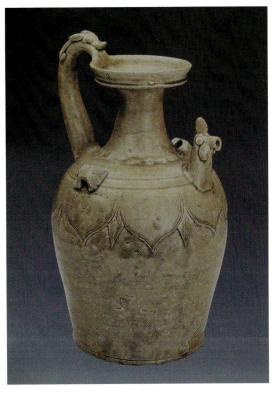

［左］图 2.3　南朝德清窑黑瓷鸡首壶 | 浙江省博物馆 藏

［右］图 2.4　南朝越窑青瓷莲瓣纹龙柄鸡首壶 | 浙江省博物馆 藏

　　南朝时期的鸡首壶变化更大。

　　同是黑瓷的鸡首壶（图 2.3），身形拉高，颈部往上收出优美的曲线，与壶身连成优雅的 S 形，柔美而挺拔。有趣的是，鸡首居然做了两个。而越窑鸡首壶还在肩部刻出莲瓣纹，精致华美，少了拙味，多了巧思（图 2.4）。

　　鸡在古代地位不低，《韩诗外传》里说："君独不见夫鸡乎？头戴冠者文也，足搏距者武也，敌在前敢斗者勇也，见食相呼者仁也，守夜不失时者信也。"总结起来是"文武勇仁信"五德，非同寻常。《西游记》里的卯日星君就是只公鸡。

　　但鸡最受欢迎的原因还是名字好，鸡与"吉"谐音。

唐长沙窑

|

釉下彩之殇

有如一座宏伟的建筑，就那样淹没在历史的尘埃中。

曾经如此辉煌：它在国内广受欢迎，烧造的品种触及日常生活的每一处细节；它随着商船运抵朝鲜、日本，以及东南亚各国，甚至远至非洲。令人难以置信：它产量巨大，仅在著名的黑石号沉船上，人们打捞上来的长沙窑瓷器就多达五万件。

图 2.5 中的这几件是长沙窑的代表，以今天的眼光看，无论如何难以想见昔日辉煌。它的质地粗糙，土黄的颜色难有"雨过天青"的诗意，左边的画面潦草随意，右边的画面虽然如同浮雕却不够清晰，中间的小件更不知所云，随意点涂几下绿色敷衍了事，与我们熟悉的名瓷相比太过普通。没有汝窑的高贵优雅，没有青花的明净华美，没有粉彩的细柔精致。

的确，就工艺而言，它仍处在陶瓷工艺的青少年时期，完全无法与后世的制瓷工艺相提并论。而当时，又根本没有挑战金银器的实力。与同时代的越窑、邢窑相比，它也没有博得皇帝青睐的野心。

它安处于社会底层，却具有另一种优势：价格低廉，最贫穷的家庭

△ 图 2.5 唐长沙窑 | 美国大都会博物馆 藏

也能购买；品种多样，生活所需都能信手拈来；制作材料丰富而廉价（主要是当地的泥土），工艺也算不上特别复杂，因而可以烧造足够多的数量流通四方。

于是，在质朴的表面下，它气壮如牛，活力四射，充满力量与无限的热情。市场多变，需求多样，它总能发挥想象与创造，开发新的工艺，增加与众不同的装饰手法以博得普通民众的欢心。它从不扭捏作态，光明磊落。

它从未有名垂青史的野心，事实上在此后千余年的历史中也默默无闻、销声匿迹，但凭着这种原始的力量与勇气，它不断地拓展陶瓷工艺的边界，以至于今天的人们重新审视这段历史时感到无比的惊讶与赞叹。

图 2.5 中右边的这件被称为注子。因为有把有流（嘴），今天很容易把它当成茶壶。只是当时饮茶并不以壶冲泡，注子只用来分茶，但更可能是用来分酒。

形制并非长沙窑独有，想要知晓是何人在何时创制也无可能。事实上，它是器形演化的结果，最终定形为经典，很多窑口争相效仿。

长沙窑确有其与众不同处。

虽然基本形制相似，这件注子看上去显得尤为笨拙：肚大而圆，壶流短而方直，呆呆楞楞，把收得紧，粗壮有力。两边的系显得太大，超过了壶流。

但其实拙中见巧，不必说壶流削成多棱形、口部做成锐角完全是美的需要，壶身更是张弛有度：足部微微外展，既富于变化又让釉不容易流过底足，颈部收得优美，口沿翻得漂亮。

最有趣的是装饰，活脱脱舞蹈的西域人物，浮现于注子表面，大面积的酱色，有如舞台。

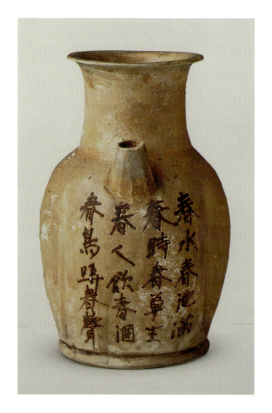

图 2.6　唐长沙窑青釉褐彩诗文执壶｜湖南省博物馆 藏

　　这是一项全新的工艺。人物需要单独制作模具，在模具中印出形象后再贴到注子表面。印象中，除了长沙窑，这项工艺很少被使用。

　　左边的盘，口沿经过了特别的处理，成为棱口，这无疑是模仿金银器的造型，精致优雅。画风却又与金银器的精致无涉，纯粹的写意，逸笔草草。谈不上绘画的高妙，却极生动洒脱。有趣的是，为了增加装饰的效果，沿着口沿的棱弧线，有意勾了边。从国画的角度，这有些画蛇添足，却又充分展现了民间的情趣。

中间的小水罐最不起眼，用处却最不一般，它是文人案头的用具，叫水盂（参看图 6.10）。寥寥几笔绿点漫不经心，倒是最能反映文人的意趣。

创新的手法还有很多，最重要的一种是在器身上题诗，这倒不是故作文雅：唐代流行的诗歌有如今天的通俗歌曲。

有写"春水春池满,春时春草生。春人饮春酒,春鸟弄春声"（图 2.6），20 个字里居然有 8 个春字，也有"上有东流水,下有好山林。主人居此宅,日日斗量金"的大俗套，还有 "去岁无田种,今春乏酒财。恐他花鸟笑,伴醉卧池台"，诗意中几分自嘲与幽默。随意题写，妙笔生花。传世既多，不能一一列举，甚至有的诗句，《全唐诗》里未见。

种种画面、装饰、书写，今天看来，这并不能展现出高超的技艺，却熟能生巧，表现出可贵的直率与天趣。

生动之外，还有一项技术上的重大突破。那就是长沙窑的书写和很大一部分画面，是在釉层的下面。在当时，这似乎也不是什么了不起的创举，毕竟人们并不关心题字或画面是在釉层之上还是釉层之下，好看就行，便宜就好。但数百年后，与此一脉相承的另一种瓷器却征服了世界。那就是青花，同样是釉下彩绘。

事实上，长沙窑并未彻底消失，它的基因已经写在了陶瓷史的遗传密码之中，经历了数百年的发展变化，仍然能够捕捉到它的身影。

唐三彩马

|

现实主义之巅

唐三彩常有如一锅色彩的浓汤,层次丰富,众味交融。这件却独沉净素雅。

说三彩,其实颜色不止三种,黄、绿、蓝、褐、黑、白,细数还能更多,最常见的是黄、绿和白。色彩浓艳,绚烂异常。之所以给人这样的强烈印象,是因为三彩釉色浓郁又易流淌,匠人们还常常刻意强化这一特点,令色彩肆意交融。

这无疑成为时代精神最强烈的代表。

但出人意料,唐人却将之用于陪葬,陪伴亡者的地下生活,或许觉得死后是一个黑暗的世界,需要更多的色彩。生者最常用的倒是南青北白的越窑、邢窑。不过越窑、邢窑虽素,品质却高,是不折不扣的瓷器,而唐三彩仍是陶。

唐三彩中最负盛名的自然是马。但论奇想不及镇墓神兽,论夸张不如武士俑,马太老实。

形体上亦步亦趋,细节处一钉一铆。

与多数唐三彩大面积使用黄色不同,这匹三彩马(图 2.7)只是背

△ 图 2.7 唐三彩马 | 故宫博物院 藏

上的鬃毛与攀胸鞦带上的装饰抹上了黄釉。鞍韂最炫目，意外地使用深蓝色，甚至整个马鞍都是纯蓝，素静优雅。唐三彩中最常用的绿色也几乎不见踪迹。

它安然静立，头低垂，如冥想如沉思，却身形矫健挺拔，足以想见其奔驰的神俊。

每一块肌肉、每一个关节、每一处骨骼无不精准，从辔头到鞍韂，每一处细节、每一处装饰无不细致，如同魔法将真马缩小。

宋以后文人画渐兴，重写意轻写实。欧阳修说"古画画意不画形"，苏东坡干脆讲"论画以形似，见与儿童邻"，意思说要是品评绘画是看像不像，这跟小孩子的看法差不多。在宋人眼中，唐代阎立本这样的画家只算得上"画师"，如今天所说的画匠。这当然产生了不小的误导。从认为写意重于写实，发展到后来甚至认为写实必不写神。白石老人就说"作画妙在似与不似之间，太似为媚俗，不似为欺世"。

因此，如三彩马这般的作品，不但在后来绘画中不得一见，雕塑中也不见踪迹。今天来看，这样的意见未免有偏，但无奈文人画成为主流，统治宋以后的中国艺术。

其实早期中国画也有讲究以形写神，形神兼备。三彩马虽是雕塑，却恰是最好的印证。而后世再没有能望其项背的作品。

之所以能达到这样的高度，恐怕与唐人爱马不无关系。宋人罗大经评李公麟画马时写道："大概画马者，必先有全马在胸中。若能积精储神，赏其神俊，久久则胸中有全马矣。信意落笔，自然超妙。"不熟悉马，如何形神兼备。

没有一个朝代像唐朝人那样爱马。

唐朝马上得天下，马既是最重要的战略物资，也是财富的象征，"满城驰逐皆求马"。因为大量养马,马术活动自不可少。最流行的运动是马球,舞马表演也极盛行。连女人也骑马。著名的《虢国夫人游春图》中,除了虢国夫人、韩国夫人,连侍女都在马上。

战场上更不必说,"所向无空阔,真堪托死生",诗圣杜甫的名句真是道出了唐太宗李世民的心声。他戎马倥偬的一生里骑过六匹骏马,对这些马的感情不言而喻:他在为自己准备的陵墓里给它们留下了专门的位置,并令当时最杰出的画师阎立本和兄长阎立德绘画并雕刻六匹骏马——"真堪托死生"。

画师(不要忘记这个称谓在宋人那里的意义)阎立本不辱使命,昭陵六骏成为不朽的杰作。

而这件唐三彩立马,且不说是超越,也丝毫不逊于昭陵六骏所取得的成就。

唐越窑秘色瓷瓜棱瓶

|

秘色之谜

九秋峰露越窑开，夺得千峰翠色来。——［唐］陆龟蒙

写瓷器的诗太少了，这是最出彩的一句。

千峰翠色尽被越窑夺得，引人无限遐想。

写得太美也有问题，文学的夸张容易名不符实。到博物馆，看到越窑，难免要失望，这就是"千峰翠色"？

也难怪，前面说这是写瓷器的诗，其实是瓷器研究者的一厢情愿，读读后两句才知道。"好向中宵盛沆瀣，共嵇中散斗遗杯"，意思是越窑瓷器晚上承了露水，简直可以和嵇康斗斗酒了。

说到底，这是诗人惯常的伎俩：借物咏怀。诗的重点未必是越窑。看越窑，还是先要抛开千峰翠色的想象。

与陆龟蒙齐名的诗人皮日休老实，写瓷器只写：

邢客与越人，皆能造兹器。（《茶中杂咏·茶瓯》）

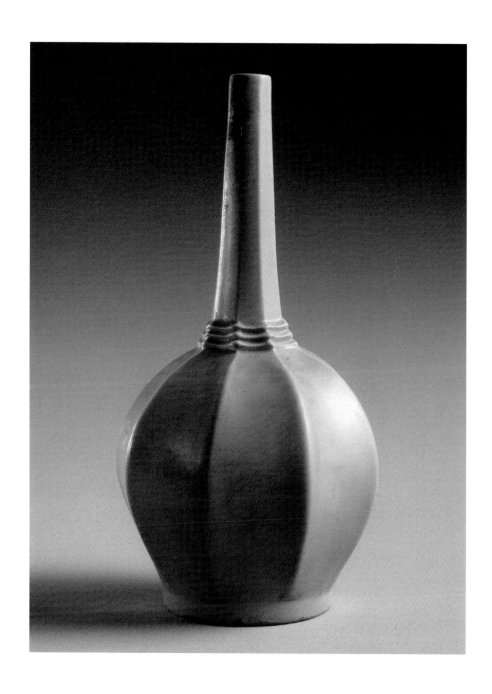

△ 图 2.8 唐越窑秘色瓷瓜棱瓶 | 故宫博物院 藏

只说事实，就是邢窑、越窑瓷器都很有名。邢窑烧白瓷，在北方；越窑烧青瓷，在南方。南青北白。其实瓷器向来就是高科技，简单两句，已经是不低的评价。

这是传世越窑秘色瓷中最著名的一件（图 2.8），陈凯歌导演的《妖猫传》里拿它做布景，看得出下了功夫。

瓶身颜色很难准确描述，大体上是青灰色，跟千峰翠色不沾边。相似的器形传世并不只此一件，法门寺出土的秘色瓷中最重要的一件也是八棱瓶，和它是近亲，颜色稍绿一点。

历史上"秘色"到底为何种颜色是千古悬案，直到法门寺地宫打开，大批文物出土。这其中不但有十四件青瓷，还有刻石的物品清单，其中赫然就有"秘色"字样。于是，千古谜题解开，真相大白。

由此似乎可以认定这件不是标准的秘色（颜色不如法门寺的近亲）。但这是个误解，其实不可能有标准的秘色，类似今天的色谱。即使是瓷器烧造极为成熟的清代官窑（烧造技术远远超过唐代几个数量级），同一窑、同一个样、同一种釉烧出来的颜色都会有差异，有时甚至差异不小，更不必说这一窑与下一窑。唐代的烧造技术想要保持标准色调，无异于天方夜谭。法门寺的十四件，也没有绝对统一的颜色。

所以，法门寺的秘色瓷只是法门寺的那一批秘色瓷，其他的秘色瓷，秘法不同。

这件八棱瓶器是造型史上的杰作。瓶身是八棱的球形，突起的棱筋骨外露，显出力量与精神，历代的瓶中极为罕见。底部往外一扎稳稳托住，八股力量就向上汇聚，在颈部聚拢、加强，刚要向上喷出，又遇到层层压迫，终于再没有力量能与之抗衡，直冲云霄。表面上却悠然自得，风平浪静。

它看似娴静的外表有一种重拙的美。颈部被削成八方又不露锋利的棱角，像古代兵刃中的铜，连上鼓腹便如锤，全以力胜。

这种重拙的美却需要无比精巧的工艺，古玩行里说"一方顶十圆"，这种方形器的难度远比普通的圆形大得多，难怪后世少见。

以今天的眼光看，八棱瓶的釉色无论如何都算不得特别"漂亮"的颜色。要不是"秘色"的光环，这种颜色放在乐高玩具般众多鲜艳的颜色中，很容易被忽略，但千万不要低估它的价值。

这是青瓷走向成熟的第一步。相较原始青瓷，它已经有了巨大的提升。虽然还远远无法与金银器比肩，却渐渐萌发跻身上流的野心。像一个英气少年，初露锋芒，又能谦虚谨慎，孜孜以求——越窑的器形，很大一部分完全是对金银器亦步亦趋的模仿。

非但如此，越窑青瓷在唐代的耀眼夺目、气象万千中，开拓了一种含蓄而内敛的美。它不依赖夺目的色彩与华丽的装饰（尽管一开始有所模仿），单凭简洁的器形与朴素的色调展现出素静与高雅的境界。

但在当时，置身于金银器耀眼的光芒中，它无疑是暗淡的。没有人会相信，数百年以后，它所开辟的新天地会被宋朝人继承发扬，并创造出无与伦比的美学高峰，其闪烁的光芒，甚至远远超过黄金。

唐邢窑白瓷双龙耳盘口瓶

|

雄浑中的秀色

出人意料，它看上去太过朴素，与那个时代的恢宏绚烂极不相称。

唐代的壮丽辉煌属于唐三彩。但在当时，唐三彩多为明器（陪葬品），不能置于室内。置于室内的是青瓷、白瓷。

唐代人的生活并不吝于色彩，我们看唐代绘画，衣服的色彩鲜艳夺目，简直让现代人自惭形秽。

偏偏在瓷器上，他们选择了最大限度的朴素。

唐代瓷业南青北白，两分天下一直延续到宋代，宋代五大名窑中的汝、官、哥窑都属青瓷，定窑是白瓷。青瓷、白瓷仍占上风。今天人们仰慕宋代极简的陶瓷美学，源头却是绚烂的唐代。

南青的代表是越窑，北白的重镇是邢窑。邢窑在今天河北省邢台市内丘一带，窑址的发现在祁村。以当时和今天的角度，都算是偏远乡村。

邢窑在唐代赫赫有名，影响之大堪比大航海时代的景德镇窑。唐代李肇在《国史补》里说："内丘白瓷瓯，端溪紫石砚，天下无贵贱通用之。"真是硬通货，还是通行"天下"。

不过和南方的越窑比似乎稍逊风骚。这很可能是因为陆羽单方面评

图2.9 唐邢窑白瓷双龙耳盘口瓶 | 台北故宫博物院 藏 ▷

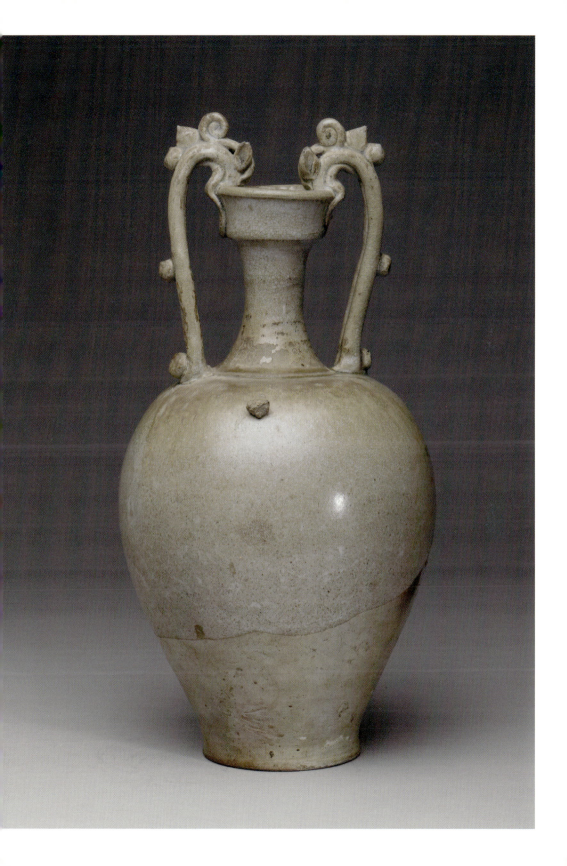

价所导致的。他在《茶经》里说：

> 碗：越州上，鼎州、婺州次；岳州上，寿州、洪州次。或者以邢州处越州上，殊为不然。若邢瓷类银，越瓷类玉，邢不如越一也；若邢瓷类雪，则越瓷类冰，邢不如越二也；邢瓷白而茶色丹，越瓷青而茶色绿，邢不如越三也。晋杜育《荈赋》所谓："器择陶拣，出自东瓯。"瓯，越也。瓯，越州上，口唇不卷，底卷而浅，受半升以下。越州瓷、岳瓷皆青，青则益茶，茶作红白之色。邢州瓷白，茶色红；寿州瓷黄，茶色紫；洪州瓷褐，茶色黑；悉不宜茶。

《茶经》后来太过有名，没有人出来为邢窑辩驳。其实，陆羽只是从喝茶的角度给予评判。但瓷器远不止茶具。好比十项全能的比赛，只比了一项就轻易评出结果，又无人抗辩。难说公平。

但《茶经》的确道出了邢窑特点：类银，类雪，白。其实银和雪的比喻都算不得精准传神，后世少有沿用。剩下的，还是白。

以今天的眼光看，邢窑的白仍然白得不够。而这件双龙耳瓶放在当时，还是其中比较"不白"的一件，顶多算灰白。

但这件不那么白的白瓷，倒是深得我心，如谷崎润一郎笔下的阴翳。

这种瓶的耳，不只是装饰。它是把手，有实用功能。早期陶瓷器先要满足日常使用，柴米油盐酱醋茶。古希腊的陶瓶也多有类似的耳。

这是陶瓷史上最优雅的耳。龙形，矫健而不凶猛，高高抛起，最高处扭身下探，如入瓶口寻水。

耳的制作工艺和瓶身完全不同，瓶身是在转动的轮车上拉坯成形，耳朵完全是捏出来的，如儿时玩泥巴，或是捏橡皮泥。左右两边虽然尽力保持对称但难以彻底达成，却造成一种微妙的动势，意外精彩。

龙成为帝王专属，还在元朝以后，民间喜好只能偷着用。唐朝百姓没有这种顾忌，瓷器上用起来大大方方。

器身壮硕，神完气足。肩部丰满鼓胀，腰部却收出秀气，落地时微微往外一撇几乎不被察觉，却能强化腰身的秀美。肩部往上猛地一收，拉起长长的弧度，更显清秀挺拔。瓶口一撑，成了盘口，继续往上渐渐张开，口沿一翻，勾出一道弦纹如边界。瓶口呈倒梯形，见棱见角，柔中就带了刚。

器形的精妙处恰恰是壮硕中含着秀美，秀美中带着刚强。雍正时致敬经典，人们烧造了同样款式，器形更显秀气，却失了神气。

早期瓷器的釉在烧制时很容易往下流动，匠人们想到方便法门，靠近底部留出一部分空白，成为缓冲区任釉流淌。这当然是个无奈而偷懒的办法，往下流的釉无法控制，有时难免流得一塌糊涂。

这件瓷瓶下部没有釉，当然是懒办法的结果。但这次流动不多，下部形成斜斜的一道，像是披肩。它在均衡中创造了不均衡，在绝对的静中生出了动。

肩上粘了一小块，无疑是烧造时的意外，成了产品的问题。但我宁愿相信这是出于匠人的意愿——某种点睛之笔。

唐鲁山窑花瓷腰鼓

|

暗夜之光

有如暗夜之光。

毫无征兆，深沉黑夜中绽放的烟火。

大唐气象万千，瓷器上却只有南青北白寡寡淡淡。也有浓妆艳抹的三彩，却多埋藏于地下守护逝者的安宁。只有鲁山花瓷，意外展现着盛唐气象，后世却少有人知。

放在今天来看，这都不是个小物件，长近 60 厘米。只看图容易以为是哑铃，识者一眼看出是腰鼓。

瓷器玉质金声，似乎做成乐器顺理成章。商周时已有原始瓷錞于，模仿的是青铜器。錞于是军中乐器，指挥进退。"两军相当，鼓錞相望"（《淮南子·兵略训》）。但当时瓷器太过原始无法使用，仅用于陪葬，以次充好。不过今天却有瓷乐，在旅游景区博游客一笑，乐器种类倒是前所未有的丰富。

腰鼓是敲击乐器，但不以瓷发声。两端要蒙上皮，成为鼓面。作为瓷器，这件腰鼓体量巨大，挂在身上负担沉重。

看似有违常理，其实却大有来历。玄宗精通音律，《霓裳羽衣曲》

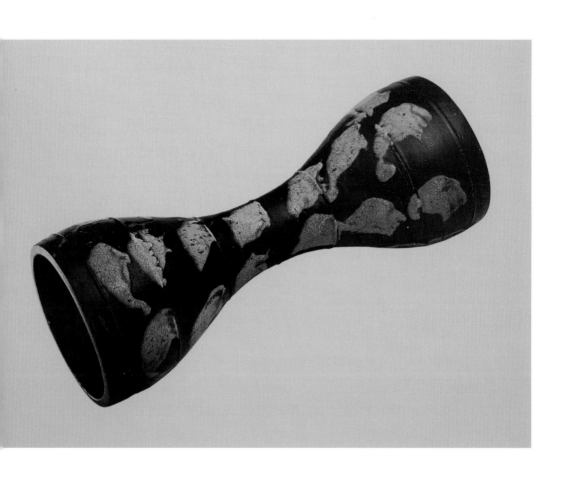

△　图 2.10　唐鲁山窑花瓷腰鼓 | 故宫博物院 藏

是其名作。宰相宋璟也雅好音乐，善鼓。一次与玄宗谈论鼓时说道："不是青州石末，即是鲁山花瓷。"青州石末是一种陶，以制砚闻名，鲁山花瓷鼓说的就是这件。

抛去鼓的功能，这的确是件精彩的瓷器作品。

鼓身中间细如束腰，两端舒缓展开，却放而能收，口沿处弦纹一勒，把力蓄住，收放自如。弦纹共有七道，由两端往中间收，在正中汇成一处。弦纹间距大体一致，产生稳定的节奏，只是鼓身起伏如音调变化。器身均衡，平稳却饱含力量，鼓声一响，便能声震四方。

瓷鼓通身黝黑，仿佛一切光线都要沉入其中。但越黑暗，越有力量在黑暗中聚集、等待。

终于爆发，如白色火焰。

夜越黑，光越亮。

光又不是纯粹的白，白中闪着蓝光，如梦如幻，如云霞飘渺。无拘无束，肆意挥洒。

它开启了陶瓷之美的全新天地。它起于新的技术，却终于美。

此后，宋代崛起的钧窑，至清代窑变釉的绚烂无比，都由此而生。

也许是太过强烈，鲁山花瓷自身消失在历史的迷宫中。它与宋代以来文人所欣赏的含蓄内敛似乎相悖，连万千变化的钧窑也放弃了沉沉的黑。色彩更多，却不再恣意放纵。

宛若一个双重隐喻。

它从黑暗中诞生，又陷入历史的沉沉黑暗之中。

五代越窑双系罐

|

侘寂之源

　　这件双系罐出土时平平无奇，但考古人员发现一个令人兴奋不已的细节——罐身上刻了一个"官"字。任何古代器物上的文字都具有非比寻常的意义，"官"字更是不同凡响，可能是某种身份的标识，代表它源自宫廷。

　　但一切矛盾便由此展开。

　　以现代人的眼光看，它无疑是笨拙而粗率的。外壁的曲线毫无顺滑可言，有如在山路上一路颠颠簸簸顺势而下。

　　圆也不周正，仿佛是尚未出师的学徒习作。器身如此，歪斜的口沿更为明显。这并非需要高超的技艺，而只是制作圆形器物的基本要求。

　　双系草草一捏，随意粘在肩上，如果真要系上绳，感觉随时都会脱落。

　　"官"字歪歪斜斜，敷衍了事，简直是马虎学生的随手一涂。难以想象为宫廷烧造瓷器却如此漫不经心，而皇帝见后还能欣然接受。

　　"官"字的位置也值得怀疑，像是暴发户将有钱写在脸上。

　　这件双系罐出自五代时期的越窑，不可思议的是，哪里有"千峰翠色"？哪里看得到"巧剜明月染春水，轻施薄冰盛绿云"？它通体是一

△ 图 2.11 五代越窑双系罐｜浙江省博物馆 藏

种平平无奇的淡黄色调。这种色调的瓷器同样也被称为青瓷，因为与绿色调青瓷所用的釉构成相同，只是前者在氧化焰中烧成，而后者要在还原焰中产生。还原焰难度大得多，所以早期青瓷常常见到这种淡黄色，就是烧造技术不成熟所致。唐代以来，越窑渐渐成熟，得以烧造出淡淡的青绿色调，占据瓷业半壁江山，到五代，技术则更进一步。后世龙泉诸窑青瓷，都有赖于越窑的技术积累。反观这件双系罐则无疑是"失败"的作品。

失败的不只是颜色，釉面还满布裂纹，这里没有丝毫装饰的企图（像冰裂纹），同样只是技术的不成熟所导致。

无论从哪个角度看，认为这样一件瓷器是贡御的产品都颇值得怀疑。毕竟，宫廷所追求的，向来是精益求精，细腻典雅，完美无瑕。

所幸，美从来就不会被宫廷所统治，尽管的确有可能遭到扼杀。如果说宫廷美学的确创造出了惊人的美，那也只是因为它们服从了某种美的意志。

当我们抛开宫廷的、工艺的视角，单从美的角度来重新审视，就不得不承认它是陶瓷艺术史上的杰作。

尽管工艺的细节处处显得笨拙，但整体的造型却表现出娴静优雅的气度，且不失力量。它给人壮硕的美感，却又透露着灵秀之气。

它的釉色让人联想到土地的质朴，表面的裂纹让人感受到坚实背后的脆弱，如一切生命。

它没有任何装饰的意图，却在沉静中展现出亲切与温暖，让人情不自禁要以手指触摸，以掌心爱抚，却又不曲意逢迎，仍然保持着坚定的、独立的品格。

它的线条洗练，在高度的简洁中展出细节的微妙变化——口沿微微外翻，颈部修出一道细细的弦纹，但足却取消了。这看似简单的造型却体现出制作者高超的驾驭能力。

工艺的不完美，不但没有被削弱反而使之超越物质本身而进入精神的世界。但这一切与宫廷审美无疑是背道而驰的。于是，罐身上招摇的"官"字变得更加不可理喻。

最终，我从博尔赫斯《〈吉诃德〉的作者皮埃尔·梅纳尔》中得到启发："梅纳尔（也许在无意之中）通过一种新的技巧——故意搞乱时代和作品归属的技巧——丰富了认真读书的基本艺术。"

让我们想象它是一件当代艺术作品。艺术家完成形体的塑造之后，决定刻上一个"官"字。这是一种传统，在今时却表达了一种立场。既刻意强调了美学追求上的反官方态度，也能表现个体的独立。接下来需要考虑的是用什么字体——板正的楷书、装饰性的篆书还是夸张的草书？是要显示出书写者的功力，还是让人以为是普通人的信手涂鸦？是的，要有可识别性，又不能摆出艺术家的姿态，潦草却易识的"官"字是可以接受的。

"官"字的存在，为作品增加了一种内在的张力（也许在无意之中），一种无法化解的矛盾。

但我们也完全可以抛开这一切，只是简单地沉浸于它的沉静与质朴。

这种美，我们今天已经少有提及，却在日本发扬光大。如今，人们把它称为侘寂。

第三章

宋

——

初长成

　　宋代瓷业的发展加快了脚步。

　　窑口遍及全国，工艺持续进步，新风格不断涌现。除了仍在民间广泛流行使用，瓷器也越来越受到皇家和文人的重视，地位不断提升；不但被用作礼器，宫廷还专设了官窑。

　　风格的探索从未停止，宫廷的审美与民间的喜好在时空交错中并行不悖。但简洁素雅的风格无疑更受宫廷和文人的重视，也更受后世推崇。

宋汝窑无纹水仙盆

|

梦

　　尽管已经不是第一次看到现实的汝窑，书上所见的汝窑名器更是烂熟于心，但当我在台北故宫迎面撞见这件水仙盆时，依然震惊不已。

　　无可替代。

　　"全世界的汝窑只有 67 件，台北故宫就藏有 21 件，而这件是唯一不开片的。"这是导游标准的解说词。每一位说完就带着团队赶往下一处"名器"。这段话大约需要 10 秒，加上聚拢团员，说几句"下面我们要看到的是"这样的导语和添油加醋的旁白，整个过程不过一两分钟。游客隐约留下一点模糊印象，也仅止于这里摆放着一件珍贵的宋代瓷器，而就连这一印象也会渐渐变得模糊。真是浪费了这趟旅程。

　　多么了不起的一件瓷器，我在它面前停留良久，凝神观看每一处细节，仿佛要用眼睛把它一点点吞下，再反反复复咀嚼。我粗鲁地占据着最好的位置，全然不顾来来往往的流动人群。

　　它看上去如此简洁，根本无需大费周章，但处处细节却展现出巧思与精妙设计。这是个椭圆形的深盆，尽管仍然是规则、对称的几何形，像是个压扁的圆，但其实和圆形完全不同。它无法在辘轳车上拉坯成形

△ 图 3.1　宋汝窑无纹水仙盆 | 台北故宫博物院 藏　　　　　063

而完全需要依赖模具来完成。

盆壁由下而上缓缓张开，优雅、从容。口沿处干干净净一收，没有任何多余动作。但下部吃力地"凿"出一道凹槽，接着扎实地突起一道边，立即就显出了坚实的分量。重心下沉，力量下压，而四足轻轻一落，就稳稳扎住。足处理得精彩：足边宽阔，稳稳承住盆身，但往下忽地一收，紧紧勒起，最下端就鼓鼓胀胀，蓄满力量。底足的细节仍不放过，微微拉起一道弧线。四个足便似脚尖点地，更像技艺高超的演员踮起脚在趾尖上舞蹈。

除造型的精妙之外，颜色更要大书特书。

如雨后天空初晴的微妙色彩，并没有秋高气爽的通透，也不是乌云压境的重拙。它甚至算不上一种出众的颜色，能够强烈刺激观众的眼球。它含蓄甚至含糊，若即若离，若有若无。当你想要紧紧抓住它的时候，它又瞬间溜走；当你想要在显示器上调出一模一样的颜色时，无论怎么努力，似乎最后都归于徒劳。

在它诞生之后的千年时光里，人们把这种颜色称为天青色。如果说天青是一种颜色，那就是梦的颜色。难以描述，无法捉摸。

汝窑因此而闻名！

在当时无疑受到皇帝的青睐，后世更得到历代文人的追捧。但多数时候，也仅仅停留在其珍贵不易得。倒是徐渭的《墨芍药》题画诗写得生动，"花是扬州种，瓶是汝州窑。注以江东水，春风锁二乔"。明代文人常把好花瓶比作"花之金屋"，金屋可藏娇，春风锁二乔。

对汝窑的热情在乾隆皇帝那里达到高潮。他仿效在书画上题词的习惯，居然为瓷器题诗并刻在底部（这极为困难，因为釉面非常坚硬）。在台北故宫收藏的21件汝窑中，刻诗的竟有13件。这不能不说是某种高明甚至高雅的举动，完全契合文人传统并有所发挥。尽管他在今天饱受诟病，但也仅仅是因为他的书法实在乏善可陈，所做诗文也难登大雅（甚至，在这件水仙盆的题诗中，乾隆皇帝把它当作一件猫食盆）。换作高人雅士，只言片语也会视为拱璧。

尽管一开始汝窑在宋代名窑的排行中未能位列榜首，但随着岁月流逝，居然暗渡陈仓，所以今天说起五大名窑，必以汝窑为魁。它甚至成为一个神话。一道道光环使人们再也难以认识它的真实面貌。

比如，关于汝窑的诞生，流行的说法是宋徽宗题诗："雨过天青云破处，这般颜色做将来。"匠人们遵照皇帝的旨意，经过无尽的努力，终于创造了奇迹。其实这句诗出处不详，最早也并非用在汝窑身上。更不必说，以当时的技术水平，皇帝根本不可能提出这样的要求，正如他不会要求制造出有原子弹那样威力的武器，也不会希望造出能够飞行的工具。

陶瓷史上的颜色，或是出于某个偶然的发现，或是某场意外或是灾难，更多的时候，是在前人的基础之上往前走了一小步，把边界往前又推了一厘米。汝窑本身也非凭空产生，并不源于皇帝的一时兴起。烧造汝窑的汝州地区，自北宋初年开始烧造瓷器，窑场规模一度达到惊人的地步，影响之广也遍及全国。今天谈论的汝窑，只是其中"供御"的部分，是其中水平最高的官窑。事实上，尽管没有确凿的证据，但学界主流的观点也认为这部分汝官窑的烧造并非始于徽宗。

常常，我也试图希望还原真相，并不厌其烦地向人们讲述。但关于汝窑的美，难道不也包含着围绕着它的历史、神话、传言与附会吗？汝窑的美像一场梦，穿越千年，无数人沉浸并参与其中，使之丰沛，更难以捉摸，也更迷人。

美梦，又何必让它醒来？

宋汝窑三足洗

|

造型的极致与终结

并非天才的创造，却无疑将此类造型推向了美的极致。

晋代以来的三足砚，造型相近。一定还有更早的源头。

在汝窑三足盘现身之前，此类造型虽然独特足以吸引人们注意，一度还成为流行商品，但置于造型艺术的历史上，却很难称得上是最优秀的作品，足以与其他伟大作品比肩。

比起三足砚，三足盘似乎做足了减法，好像一个圆面围起浅浅的一圈，垂垂而立，不偏不倚。三足像是不经意间完成的椭球形，嵌入盘的底部。再也没有其他了。

但不要轻易被这种表面的简单欺骗。

盘沿的高度与盘径的比例是夸张的，想象成一个字，竖与横就完全不成比例。奇怪的是，我们却不因此而感到不适。盘面平平展开像一面湖水，开阔、舒展。一阵微风吹皱水面，产生变幻的细纹。这种细纹原是技术不成熟而产生的工艺问题，文人们却从中发现令人沉醉的美，并派生成为一种特殊的装饰：冰裂（参看图 3.7）。原来不是春风吹皱一池春水，是冬季封冻的冰面，更安静了，也更空旷、更辽远。

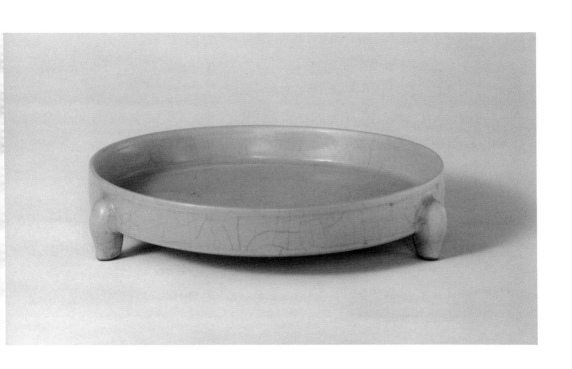

这诗意的美可以通过作家或画家的笔写下或画下，并没有不可逾越的技术障碍。但瓷器不同。

这看似简单的一个平面，烧造起来有极大的难度：圆面宽阔，中间的部分没有支撑极容易下陷，因为烧制过程中，高温下泥坯像果冻那样接近半融化的状态。盘面越大，中间部分因为自身的重量就越容易下陷，想要达成平整光滑的表面，需要解决的是力学难题。

匠人们靠不可限量的才智发明出一种叫做支钉烧的方法巧妙地解决了这一难题：办法是用几个小钉，支撑住盘底。这当然大大降低了下沉的风险。这种做法看似顺理成章却远比想象中困难。即使是技术水平已经远超宋代的清代官窑，也极少使用。

努力是值得的。看似无奇的平面包含着坚固的结构与力学的美，有如欧洲大教堂的穹顶。

口沿处微微凸起，形成一道弦纹，这精巧的弧线，自然不是偶然的产物。只需对比汝窑水仙盆，就能看出两者完全不同的态度。

要实现这条细边并不复杂，只需在做好的泥坯上，将利坯刀贴到相应的位置，随着轮车的转动，就生成了这道干净、匀称、朴素的线，一个完美的圆。它如此含蓄，很容易被人忽略，却并非无足轻重。

在这里，我们看到装饰的意图。每每说到装饰，自然容易想到绚丽的色彩、华美的图案、精巧的雕刻。但显然，这里的装饰却降到了最低，只是一个圆、一条线，却毫不含糊地丰富了器物的美。

三足也做得讲究，外形如同倒置的水滴。一般而言，足总是完全处于器物的下部，三足盘却特立独行，它一半超出盘的边沿，像是力士用一侧肩膀扛起巨石：瓷器本身也的确具有玉石的质感，甚至在今天西方对陶瓷的科学分类中，它被归为炻器。

三足是点出的三个点，配合弦纹的线和平展的圆面，构成点线面的乐章。它简单到无法再减，却展现出无比丰富而高妙的美。

类似的器形再没有出现。

它使之完美，并使其终结。

宋官窑方盆

|

横平竖直

　　第一次见到这件代表宋代官窑最高成就的杰作时，脑中首先冒出的词居然是：横平竖直。

　　不要小看横平竖直。

　　没有比这更简单，也没有比这更难的。

　　清代大书法家何绍基，总结三十余年学书法经验给出的四个字，就是横平竖直。

　　这当然大有玄机，是所谓看山是山，看山不是山，看山又是山的三重境界。唐代大书法家孙过庭《书谱》论书法云："初学分布，但求平正。既知平正，务追险绝。既能险绝，复归平正。"意思也差不多。

　　看山，看字，看瓷，道同。

　　除去美学境界上的高下，还另有一层意思，是技术。

　　横平竖直看似最基本的要求，其实最难。一笔下去，任何细微的不平不直都显露无遗，标准又极简单，真刀真枪，一板一眼，没有任何取巧的余地。不像画弧线，弧度大了，你说夸张，弧度小了，你又说含蓄。书法圈里的骗子都爱写草书，行家则会说，写两笔小楷试试。

△ 图 3.3 宋官窑方盆 | 故宫博物院 藏

瓷器更直接。古玩行里说：一方顶十圆。

圆形的器物，杯盏也好，盘碗也罢，瓮、罐、瓶、尊，都要在转动的辘轳车上成形，叫拉坯。这种工艺借助机械，又快又好。想做得不圆，倒不容易。

方形器成形是另一番天地。

每一面要先做成泥片，然后像家具一样拼接起来，行里叫镶接，所以又叫镶器。

泥片要做到绝对的平整已不容易，但最大的困难还不是泥片，而是烧制。瓷器烧时有收缩。口沿、转角、底部，各处收缩比例不同，原来的平，一烧就容易不平，镶接处又容易产生各种问题，于是镶器难度之大，远非圆器可比。

技术之外，还要看艺术。

横平竖直即非横平竖直，是名横平竖直。

写个"十"字，九十度直角，四面长度一致，线条绝对均匀。那就不是写字，更不是书法。

横平竖直是平正，不激不励，风规自远。其实何绍基的书法，没有一笔用尺量横平竖直，甚至时时东歪西倒。但就是稳，像高空中走钢丝的表演。

细看这个花盆，俯视是个平平稳稳的长方形，侧看由上而下微微一收，力往下沉，足收得极小，远看几不可见，却稳稳站住，举重若轻。

细节的处理并不简单。立面的四边并没有刚硬的直角，口沿处最有趣，完完整整包起了金边。这种做法据记载最早是因为定窑白瓷供御，却因为口沿没有釉（芒口）不好用，宫廷里想到的办法就是包金边。这看似出于实用考虑的做法，却给瓷器带来一种特殊的美。

不过，在中国人看来，这种小动作纯属多余，因而很少使用。倒是数百年后，中国瓷器风行世界，欧洲人却极爱给瓷器镶上复杂的金属，使其成为一件全新的艺术品。

这件官窑花盆却是个例外。已经无从考证何时又出于何种目的包上金口，却给它带来别样的风韵。

中国另有一种工艺叫金镶玉。金与玉都珍贵：金之贵在表，玉之贵在里；金张扬华美、耀眼夺目，玉温润内敛、含而不露。把两种名贵材料叠加起来，好上加好，所以好姻缘叫"金玉良缘"。但过犹不及，《金瓶梅》第七十二回里说："林氏又早戴着满头珠翠，身穿大红通袖袍儿，腰系金镶碧玉带，下着玄锦百花裙。"一看就是土豪作派。

理论上，金配玉内外兼修，相得益彰，实际上却极易流俗。成功的例子极少，如官窑方盆这般，几乎就是孤例。

这或许出自偶然，因为金在瓷上的作用是一种补救措施，满足简单的需要，因而完全不加装饰。瓷器也正是如此（尽管我们看到器身表面纵横的冰裂纹，但那出于天成，已经成为质地的一部分，如木纹之于木）。

于是，这里的金与瓷相配仅仅依赖材质本身的美。

从这个意义上说，无疑是另一种——

横平，竖直。

宋官窑笔舔

|

无用之用

乾隆皇帝乱题诗题句的毛病是出了名的，他前前后后在黄公望《富春山居图》上题了五十五处，最后实在再无空白处，挤在最后一个角落写下"以后展玩亦不复题识矣"才放过了这个长卷。他到死也不知道，被他题满的那卷是伪作，而真迹窃喜地躺在库房中，直到数百年后重见天日，让后人唏嘘感叹：幸亏乾隆眼拙。

说这是恶习也不尽然，毕竟这并不出于他的发明。他只是虚心继承了汉族文人的传统。只不过有时候题得太多，物极必反，过犹不及，而且字还乏善可陈。

继承之外，还有发扬，就是要把诗题到瓷器上。前无古人。

画上题诗句，信笔写就。瓷器上难，墨不易写上去，即使写上去，一蹭就没了，干干净净。

这却也难不倒皇帝。

这件椭圆的器物背后，就题写了皇帝的诗句。

"椭片出越窑（？），较唐宋应久。非盘亦非碟，盛水不盈口。是诚无用器，何以宝同玖。徒因阅岁深，沧桑互珍守。髻垦七钉存，唐宋或弗取。"第五个字已经磨损无法识别。

这首诗保持着乾隆皇帝的惯常水准，如白话，不值得品评，但包含的信息倒很丰富。说这个"椭片""非盘亦非碟，盛水不盈口"，所以是"无用器"，却像美玉般珍贵。皇帝说这完全是因为岁月的沧桑。

这种非盘非碟又不能盛水的椭片，其实是文人写字的用具，叫笔舔，舔字稍嫌不雅，又叫笔觇、笔掭，就是写字掭笔的用具——毛笔写字时时需要理顺笔锋，调整笔中含墨的多少。

它看上去的确平平无奇，一块椭片，又不是规则的椭圆，简直就像是匠人随手取块泥用手压平，然后稍做修整，上釉，扔进窑里一烧。

不过细看背部，就不能得出这样草率的结论。底部有七个小圆点，圆点是采用特殊的支烧方式留下的痕迹。这种方法叫支钉烧，是用钉状物把坯支起入窑烧造。这种方法可以使器物底部尽可能被釉覆盖（烧好后只有支钉处没有釉），却极费事，大大提高了烧制的难度。在历代的窑业中，用得很少。即使是在最鼎盛时期的清三代官窑，也只偶尔为之。

于是，这看似随意的椭片，却是"别有用心"。它没有具体的形，也没有特别的意，就是平平一躺，有如右军坦腹东床，自是一番潇洒风流。

椭片的边沿是一道黑线，如远山暗影，如书法家笔下的墨线，如屋漏痕。它时浓时淡，时而迟疑，时而利落。它沿着椭片不急不缓地绕了一圈。它的产生，是因为瓷质呈黑灰色（宋代以后瓷器的胎体绝大多数是白色，无论釉层是什么颜色），而这种胎体的转折处，釉层变薄（行内叫挂不住釉），胎的黑色就会泛出来。很难说这不是有意为之，同样是底部的边沿就做成了圆弧，看不到黑线。

　　　　　　　　　　△　图 3.4　宋官窑笔舔｜台北故宫博物院　藏

这种看似"自然"的痕迹，出于刻意的人工。

表面非盘非碟，只是微微下凹的弧面，有如微风吹拂的湖面。这同样是出于使用的需要，却又不着痕迹。乾隆的诗中说无用之用，这里的"用"是说日常之用，如饥餐渴饮，而非文人之用如书如画。较之日常，文人之用都是无用，与明代文震亨《长物志》里所说的长物——多余之物，意思差不多，都带着几分骄傲。

表面的纹理极为特别，同样是开片，但对比官窑弦纹瓶（参看图3.5），笔舔上的开片有如从内部生长出来，仿佛本来就是釉层的一部分，而官窑弦纹瓶上，却容易让人感觉是"画"上去的线，是天工的妙手。

非但如此，将这件官窑笔舔置于传世的官窑瓷器间，也显得过于独特。官窑的那些典正、均衡、柔美的线条，优雅的风度，在这里无影无踪。但它却更能反映古代文人审美最高妙的追求：不事雕琢、浑然天成、大巧若拙。

一次意外的阅读让我找到另一个精彩的注脚。它出自了不起的科幻作家菲利普·迪克的名作《高堡奇人》。我惊讶地读到如下文字，简直就是对这件瓷器最精彩的描述：

> 没有任何形状。它什么东西都不像，也没有经过任何精心设计，只是一块无固定形状的东西。可以这样说，这东西只有内容，没有形式。
>
> 这件东西给人一种平衡感。整体的张力是稳定的。平静安宁。也就是说，这件东西能和整个天地和睦相处。它从天地而来，因此有一种内在的平衡。

宋官窑弦纹盘口瓶

气定神闲，波澜壮阔

官窑是皇家窑口，不是官民的官。

宋以前没有官窑，只有贡品，像地方土特产，皇帝觉得好的，再来点，继续来，年年进贡。

18世纪，英国韦奇伍德瓷器要博得声名，极力争取为皇室烧造瓷器：女王若能使用，自然是最大的广告。这个如意算盘打得很成功，至今都在宣扬。这也算是贡品，或说，英国官窑。

宋代瓷器进贡给皇帝的自然不少，早期最有名的是定窑，但定窑常常口朝下趴着烧，所以口沿处没有釉，叫芒口，"不堪用"（但其实定窑有定窑的美和珍贵，仍受重视，芒口是个缺点，想到的办法居然是口上包金银，金银比瓷器贵多了）。于是又用汝窑，汝窑后世声名大噪为宋瓷之冠，与此不无关系。定窑、汝窑之外，景德镇的青白瓷也是。宋真宗景德元年进贡一批青白瓷大受皇帝喜爱，小镇还因此得名。其他越窑、耀州窑、龙泉窑等前前后后都有贡瓷。

到了宋徽宗这里，进贡的瓷器不能满足要求，干脆自己建窑来烧，才有了真正的官窑，算最早的央企。这和进贡的瓷器在身份上有了本质区别，亲生的。

徽宗美学素养高，既是一流画家，又是美学教育家——王希孟18岁完成不朽名作《千里江山图》，徽宗指导得好——对美的要求不比常人。皇帝是否亲自监督制瓷，史书上没有记载，甚至窑址至今是谜。

官窑设立的时间大约在政和年间，离北宋的灭亡不过十余年。因而北宋官窑的瓷器，数量极为稀少。

到了南宋，在最初的动荡之后，"直把杭州作汴州"，官窑再兴，建在了杭州。不过这时候设立官窑另有深意，目的是烧造礼器。北宋朝廷所用礼器在战乱中丧失殆尽，新朝廷只好另造。礼器原本多用金属，但材料难得，瓷器成了最好的替代方案。

但不管出于何种目的，烧造什么样的器物，南宋官窑与北宋官窑，美学上一脉相承。

官窑瓷器被认为是宋代陶瓷美学的巅峰，可与汝窑比肩。事实上，一眼看去，北宋时期官窑和汝窑很相似。甚至有学者认为所谓北宋官窑，就是皇帝在汝州设立的窑场，单独为皇帝烧造瓷器。

这件官窑瓷瓶看上去并不复杂，却极具匠心。自上而下有三层：最上是瓶口，往下是颈，再是肩腹。每一层都有一圈圈突起，这种突起在颈部与肩腹叫弦纹——明明是突起却叫"纹"，可见纯粹出于装饰。口部就不叫纹，叫盘口，被视作结构性的改变。

盘口像是一个强音，如大石入水。往下，乐音渐缓，漾开了三层，颈部而下，再展开，如遇巨石，遇河岸，波纹一挤，密密层层。最后乐音与石与波浪都归于沉寂，水波不兴，仿佛一切未曾发生。

足微微往外张开，安静中有种上升的势头，动静相宜。又像力士叉

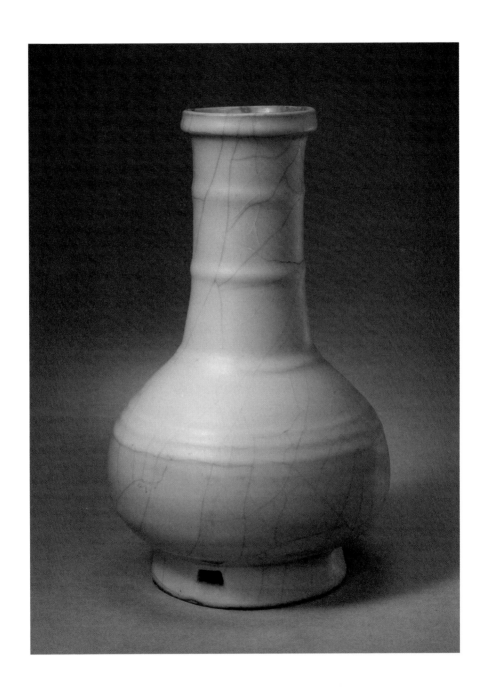

△ 图3.5 宋官窑弦纹盘口瓶｜故宫博物院 藏

开脚，肩负千钧，突显出瓶身的分量。足部还开有两洞，可以穿带，具体的作用并不清楚。

奇怪的是，如此精妙的造型，后世并未流传开来，大概出于禁中，民间不得一见。毕竟，官窑烧造时间既短，数量也极有限，落选的残次品又要打碎掩埋。

直到清代，这类造型的瓷器忽然得到宫廷的重视，雍正乾隆时期，皇帝钟爱有加，下旨御窑厂仿烧，宫里用来插花。插花的情形还被乾隆时期著名的西洋传教士郎世宁画下来。我在画册上见过两幅。除了花插的不同，两幅画上的瓷器几乎一模一样。一个容易忽视的细节暴露了各自的身份：其中一幅，瓶身上有不规则细线，另一件没有。几乎可以断定，前者就是本文所述的这件，而另一幅上的是后来的仿品。真品仿品同拿来插花拿来画，地位相当，看得出皇帝的自信与自得。

这种细线却并非无足轻重。它叫开片，也叫冰裂纹。在宋代瓷器中，开片并不鲜见，但裂纹差异巨大：明代文人细细观察过种种不同的开片，并一一命名，排定座次——"冰裂、鳝血为上，梅花片、墨纹次之，细碎纹，纹之下也"（《遵生八笺》），又有叫"蟹爪纹"（《格古要论》）。

这件大瓶的开片纵横捭阖，疏密有致，是开片中的上品。

裂纹如闪电，咔嚓一声直贯而下，劈天斩地。有趣的是，瓷器烧好后开片是个漫长的过程，釉面开裂时，有金声，叮叮当当不绝于耳，甚至长达数月。行内的说法叫"惊釉"。惊字用得多好，一件大瓶置于案头，你正潜心默读，四下无声，忽然叮的一声，让人一惊。

因为完全无法控制，片的美与丑、品味高与低就全靠运气。开得好，如抽象画，妙手丹青。开得不好就细细碎碎啰啰嗦嗦，完全没有意境可言。

陶瓷之美，人力之外，还仰赖天工。除了釉面的裂纹，釉层的质感、颜色更是如此。

釉面如润如酥，泛着幽微的光芒，似有若无。在透明与失透之间，它呈现出某种青绿色调，难以形容，难以捉摸。

固然有运气的成分，背后却是对极致的追求。

宋代以前，所谓青釉，有偏黄，有偏绿，但都叫青釉，这是因为釉的组成基本相同，只是烧成氛围不同。所谓氛围，简单理解就是烧制时氧气与一氧化碳的浓度变化。氧气足叫氧化焰，一氧化碳浓叫还原焰。前者烧出的青釉偏黄，后者偏绿。当然，后者更难。想要烧出如官窑这般的釉色，需要高度成熟的烧造工艺，对温度与氛围的精确把握，这在那个仅凭肉眼观火测温的年代，难度可想而知。

于是，官窑表面温文尔雅，气定神闲，不假装饰；背后却是一代又一代匠人对技术的革新、经验的积累以及无可预料的运气。

它是控制与失控的较量，是人工与天然的共谋；是鬼斧神工，又是浑然天成；是不可捉摸、难以言表，又是精妙设计、神来之笔；是无限丰富的内心的波澜壮阔。

宋哥窑双鱼耳香炉

静夜焚香

中国人用香的历史要追溯至商周，但香事最盛还要属宋代。静时焚香，行时佩香，连计时都用香。简直时时用香，处处用香，又无香不用。花香、果香、沉香、龙涎香，名目繁多，品种多样，各种香还要混合配伍，名为合香，种类于是不可计数。不过香的用法就没有那么繁复，最寻常的用法仍是焚香，焚香最需香炉。

明代文人品评香炉，都以宣德炉为最。宣德炉始肇，原是宣德皇帝得到进贡的"风磨"铜，下旨铸造祭祀与日用器物。但样式并非凭空而来，而是"可照《博古》《考古》诸书，并内库所藏柴、汝、官、哥、均、定等窑器皿款式典雅者，照式铸来"(《宣德彝器图谱》)。原来模仿的对象，就是宋代瓷香炉。

这件双鱼耳炉，便是其中的经典。但这也并不完全是宋人原创，还有更早的灵感来源，是青铜器。双鱼耳炉，模仿对象是簋。簋是盛饭的器皿，饭有饭香，并不违和。

炉身宽博，平和中正，颈部缓缓收起，口沿微微外展，优雅从容。

△ 图 3.6 宋哥窑双鱼耳香炉 | 故宫博物院 藏

两边有耳。

耳在瓷器里不多见，宋瓷中更少，经典的是双鱼耳（又是双鱼）纸槌瓶（参看图 3.15-1）。毕竟耳增加了器物的复杂性，弄不好容易画蛇添足。

这里用得巧，如两条游鱼，跃跃欲动。实在是大写意手法，鱼嘴、鱼眼、鱼鳞，概付阙如。

宋代瓷器上以鱼为装饰非常普遍，无论定窑、磁州窑、耀州窑或景德镇窑，又或龙泉窑，或画或刻或印，都不缺细节，哪像这里没头没尾，全靠想象。后来明代的三鱼碗（参看图 5.7），或许就是从此得了灵感。

说没头没尾也有些冤枉。耳的下部有意做成分叉，一看就是鱼尾，再往上看就看出了头。

鱼耳不能简单理解为附加的装饰，因为去掉耳，器形的感觉就大不一样了。

这件香炉出自宋代哥窑（参看图 3.7），表面布满经典的金丝铁线，有种破碎的紧张感。

不知道它何时流入宫廷，得到乾隆皇帝的珍爱，乾隆还亲自题诗一首刻在底部。

伊谁换夕薰，香讶至今闻。制自崇鱼耳，色犹缬鳝纹。本来无火气，却似有云氲。辨见八还毕，鼻根何处分。

诗中说"香讶至今闻"值得一提。宋人用香炉焚香，至今还能闻到，一种博古通今的幽思。后来晚清民国流传宋瓷会散发香味，或许就与此有关。光绪年间成书的《陶雅》里说：

或谓宋瓷有以香质入料，久则异香喷发，且香气随年代而改变，嗅而知为某代之物。其说非也，盖瓷胎净细，阅岁浸久，自发古香，书籍亦然，非别有香料也。

民国时《饮流斋说瓷》则进一步发挥：

香瓷能于座间发出香气，恽南田有瓯香馆，即指此也，盖宋瓷制胚胎往往杂以香料，历年既久异香喷溢，最为珍罕之品有土胎香者、有浆胎香者、有瓷胎香者。浆胎香者较多，瓷胎较少，更有藏香胎、沈香胎等……香瓷之香乃在胎骨，宋制器皿釉不到底，稍露胎骨于外故能发香，若釉汁满挂，纵香料入胎亦不能喷溢芬馥矣，是以香胎间于古瓷中有之，后代则甚罕也。

完全是一本正经地胡说八道，缺乏科学常识。至今闻的怎可能是瓷香。

张岱说听一出好戏恨不能打包存于后世，一壶茶，一炉香，无不如此。不过，戏曲不传就真难再现，茶事香事的器具，传世却久，依样画葫芦，常常就能复现古人风雅。这样看来，一件小小香炉，就足以复现那个时代生活的一个侧面。

宋哥窑胆瓶

|

轻风吹到胆瓶梅

都太仆言，仁宗监国，问谕德杨士奇曰：哥窑器可复陶否？士奇恐启玩好之心，答云：此窑之变，不可陶。他日，以问赞善王汝玉，汝玉曰：殿下陶之则立成，何不可之有？仁宗喜。命陶之，果成。（《皇明纪略》）

明代野史中有一段关于明仁宗朱高炽的故事很有趣。

朱高炽在以太子身份监国时，问大臣杨士奇说：哥窑还能烧出来吗？杨怕太子"启玩好之心"，回答说：哥窑是"窑之变"，烧不出来的。过了几天，朱高炽又问另一位大臣王汝玉，王汝玉鸡贼，说：殿下要烧肯定马上就能烧出来。这马屁本也没什么水平。但千破万破马屁不破。"仁宗喜"。这个故事未必真实，但多少可以想见当时哥窑的影响。

事实上，明代文人对哥窑大加赞赏。明代晚期大文人李渔在《闲情偶寄》里讲述，说一般墙壁糊纸，不过就是白，而我就不这样，要把房间变成瓷器，待在房间里就像是待在壶中。他接着讲起糊墙的办法，大体是先糊一层酱色纸，再用豆绿的纸剪成三角四方的不规则形状，贴在

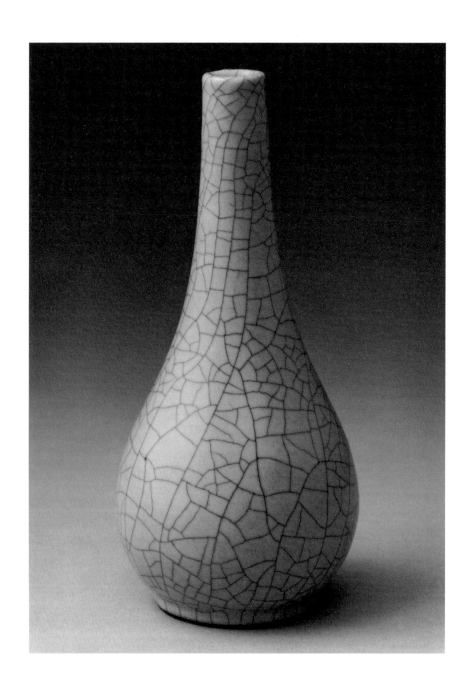

△ 图3.7 宋哥窑胆瓶 | 台北故宫博物院 藏

酱色纸上，贴的时候，两张纸之间要留出一道缝隙，露出酱色底。"贴成之后，满房皆冰裂碎纹，有如哥窑美器。"当然，我觉得不过想想而已，实施起来太过困难（倒是同时期，欧亚大陆另一端的法国国王路易十四，为他心爱的女人曼特农夫人兴建了一座宫殿，宫殿外墙铺满了蓝色白色的瓷砖，像一件巨大的瓷器。宫殿取名特里亚农宫，但人们都叫它瓷宫。如"青花美器"）。

看来，朱高炽的爱好很符合文人品味。

哥窑位列宋代五大名窑，但与钧窑、汝窑、定窑不同，哥窑并非源于地名，而是来自一个传说：相传龙泉有两兄弟，姓章，老大叫生一，老二叫生二。各主一窑，老大的叫哥窑，弟弟的当然就叫弟窑。传说未必属实，也未必毫无根据，但哥窑之名，元代已经见于文字。

哥窑的闻名，在"窑之变"，这里的窑之变当然不是后来的窑变釉，而是在其金丝铁线、冰裂碎纹。

李渔说的冰裂碎纹，这里的纹，是纹理，而不是纹样。不过冰裂后来的确成为一种纹样，用于其他工艺品如景泰蓝，甚至广布家具乃至建筑。19 世纪，欧洲著名的建筑设计师欧文·琼斯注意到这种纹样，亲自画了下来，并收录在他 1867 年出版的《中国纹样》一书中。他在书中写道："下方图案未遵从任何构图原理，却巧妙地形成一种色调匀称的布局。"未遵从任何构图原理，说到了果，却不知道因。它当然不会遵从构图的原理，因为本来就不是人为的设计。

所谓冰裂，就是瓷器釉面的裂纹。釉为什么会裂，简单地说就是热胀冷缩：瓷器是由胎和表面的釉构成，两者不是同一种物质，釉却包裹着胎。烧制时，胎釉一起膨胀；降温时，它们一起收缩。如果釉收缩得快而胎慢，釉就会被拉裂。

这种裂纹是早期陶瓷史的噩梦，伴随着瓷器的诞生，从未中断。直到唐代之后，匠人们才逐渐克服这一障碍。可偏偏到了宋代，人们从这种裂纹中发现了特殊的美，于是，重新又将其作为一种装饰的手段，于是有了冰裂纹。

宋代瓷器中有裂纹的不少，汝窑、官窑、龙泉窑都有，但只有在哥窑这里，成了触目的装饰。哥窑的裂纹不但清晰、密集，还有层次。密布的黑线中，近看有淡淡的金色裂纹，因而哥窑又有金丝铁线的美名（裂纹本身虽是出于天然，但裂纹的颜色——金丝铁线，则是人为。今天的做法大可以用茶水浸泡，一位师父提及他用的是中药）。后世说起冰裂纹，首先想到的就是哥窑。

冰裂之所以大受推崇，在其自然生发，完全不受人力控制，有巧夺天工、妙手天成的雅趣。瓷器制作，全然是人力，甚至瓷器本身就是人类发明的材料，不同于竹木牙角。它天然缺乏自然之美，所以人们总是要把它与某种天然材料相类比，比如玉或是象牙。但纯粹的天然又不能彰显人力之奇伟，于是，在人为中表现天然之美，就成为一种超越。

冰裂纹恰恰是最完美的注脚。

这件哥窑的瓷器叫胆瓶，苦胆的胆，形如垂胆。这个名字固然传神，不过胆取出来垂挂，多苦。但这弦外之音早被文人心领神会，于是宋人杨万里就写下了"胆样银瓶玉样梅"的名句，胆瓶插梅花，梅花香自苦寒来，也是苦。后来纳兰性德广为流传的"心字已成灰"前一句又是"轻风吹到胆瓶梅"，还是苦境。

说来说去都是插梅花，却不叫梅瓶。倒是宋代装酒的经瓶，后来被叫成了梅瓶（参看图5.4）。

胆瓶无疑是造型艺术史的经典。它长颈如锥，腹部一鼓，迅速一收，牢牢兜住，稳稳落在足上，举重若轻。如果不知道胆是何样，可以想象把气球灌水，沉沉垂下。

它的简洁、优雅、生动，让人印象深刻。名字所含的诗意又大大增加了它的意趣，起初也许只是巧合，最终成了神来之笔。胆瓶后世多有烧造，种种装饰手法层出不穷，花样百出，却没有一件及得上哥窑与它的诗意相配：

满身裂纹，多苦。

宋钧窑天蓝葡萄紫海棠式花盆

|

异彩纷呈

钧窑在宋代大放异彩，这不仅仅是个比喻。

现代人对宋瓷形成了简单的印象，以为宋瓷尚简，趋于朴素，这当然不是宋瓷全貌。定窑装饰华美，磁州窑黑白分明，对比强烈，更不必说钧窑。

钧窑有幽菁的紫，热烈的红，温婉的蓝，即使白，也是别样的月白。

种种色彩，肆意交融，但绝不一味地驰骋颜色。它像一场色彩的舞蹈，一种颜色挑逗另一种，有进有退，并不遵循任何固定的舞步，于是每一场舞蹈都是一场绝佳的表演。

的确，根本找不到两件完全一样的钧窑瓷器，事实上，连相似的都难得一见。

"入窑一色，出窑万彩。"

这样的描述反复被引用，却很容易引人误入歧途，让人联想到打翻的调色盘。但事实上颜色的种类非常有限，也不是浓妆艳抹。即使是红色，也显得含蓄。

可以说，钧窑并非追求变化，它就是变化本身，被称为"窑变"。

即使这些变化背后的科学原理已为人所知，但展现的变化却无迹可寻。有如浓墨滴入水中，它的变化必定符合热力学第二定律，却无法计算晕散的过程。这种无迹可寻的变化及其出人意料的结果，却无意中暗合了中国人的美学标准——妙运天成。

难以捕捉，不可重复。如一片晚霞，一次雨后初晴的淡淡天青。种种自然界微妙而令人迷醉的色彩，及其无穷无尽、无可预料的变化。异彩纷呈，气象万千。

无穷变化自然仰赖于技术的进步与新工艺的发明，各种颜色中，高温下的红色最具划时代的意义。形成这种高温下的红色过于困难（参看图 5.6），在当时也根本无规律可循，偶尔见到简直是妙手天成。于是，"钧窑带红，价值连城"的说法后世广为流传。

这件葡萄紫海棠式花盆是钧窑名品。远看只是一种不均匀的淡紫色调，近看则惊讶于它的变幻之美。

外壁淡紫飘渺，时有又无，底色似蓝若白，难以言喻。盆口下如雪山崩，如阵云列。内壁的蓝白交汇更如梦幻。釉层又厚如堆脂，使色不散。

在这里，语言是贫乏的。双眼也无法捕捉它的所有变化，因为每一个局部的观感，会随着视野的扩大和缩小而变化，随视角的转移而不同。

对它的欣赏，没有穷尽。

但不要以为它只会以色彩变化取胜，其造型也足以与任何陶瓷史上的杰作比肩。

口沿呈海棠式，四段弧线相接，两长两短相对，器身就扁了。边沿外翻，平平一探，立即往上一卷如捆，不动声色地将扩展的力量勒住。盆壁斜斜顺势直下，底与沿相呼应，仍是四段弧线，弧顶处各落一足，安安稳稳。足不简单，如意云头状，形既美，更寓意吉祥，还能与变幻的意境相配。

器身的节奏变化更增加了色彩变化，那些转角、凹陷、曲面的交接，无不给烧造设置障碍，又无不给釉面带来更多变化。

花盆用以养花，"此窑唯种菖蒲"（《遵生八笺》），是文人雅好。但在宋代，这是皇家御用，徽宗建"艮岳"（皇家园林），各地广搜奇花异石，置于盆中。

传至清宫，同样大受皇帝喜爱。置于何处，皇帝甚至亲自过问安排。这件盆底就刻了"重华宫"三字。另有"金昭玉翠用"五字以示用途，所指不详。

有趣的是，钧窑既有皇家御用身份，更在五大名窑中稳占一席，但明代以前记载很少，明代文人似乎对此也评价不高。论者多指其"光彩太露"，直至清代才佳评渐多。

但这种"光彩"的神髓——窑变，却已在元代流行开来。元曲中多有用"窑变"一词，却与烧窑无关：

"您窑变您薄情"（《【越调】寨儿令·春晚次韵红》，张可久）；

"论风流几曾识窑变"（《【越调】寨儿令·戒嫖荡》，刘庭信）；

"小苏卿窑变了心肠""孔方兄教得俺心窑变"（【双调】庆东原·风月所举问，王晔）。

处处说的是情。

钧窑的窑址在河南省禹县城关钧台，也称钧台窑，其地与汝窑所在地接壤，隔山相望。

宋定窑白瓷孩儿枕

|

婴戏的魅力

并非一件雕塑。

一件实用器，一个枕头。

难以想象，这么高，又如此坚硬，如何安睡？

古人说高枕无忧，实在让人费解。从现代医学的角度，高枕非但不无忧，其实还很容易得颈椎病。但传世的瓷枕多数都是如孩儿枕这般，说明古代的确是流行高枕。

看上去，一个孩童趴在垫上，双手交叠胸前，两脚交叉，与之呼应。头侧仰，凝视天空，背部自然向下弯曲，刚好是头枕的位置，无愧瓷枕的称号。

孩童面部刻画精湛：圆圆的翘鼻，撅着的小嘴，一边耳朵因为压在手上而扭曲。婴儿肥的脸，几乎可以感受到肉嘟嘟的弹性，让人忍不住想掐上一把。只是他出神的大眼睛显露出似乎并不属于这个年纪的神情。

尽管只是纯白颜色，仍然看出孩童身着华丽的服饰，纹饰细腻，甚至身下的垫子，也同样布满精美的花纹。

古人讲究多子多福，寓意多子的纹样都大受欢迎，比如石榴，比如

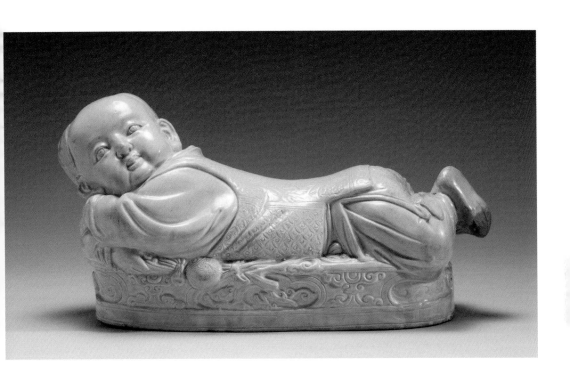

△ 图 3.9 宋定窑白瓷孩儿枕 | 台北故宫博物院 藏 　　　　　　097

鼠，又比如瓜瓞绵延，最直接的当然是婴戏图，描绘儿童欢闹玩耍，"闲看儿童捉柳花"。婴戏图中最经典的要数苏汉臣的《秋庭婴戏图》，画得精细，一物一件无不逼真，神情样貌无不逼肖。

婴戏图在民间越画越流行，儿童玩耍的场景也越画越多，渐渐扩展为"百子图"。

宋代陶瓷上也不鲜见，同样是瓷枕，磁州窑上就频繁出现，生动活泼，却掩饰不了民窑本色，逸笔草草，远不似《秋庭婴戏图》般细腻精准。也难怪，民窑画师哪能和宫廷画家一较高下。

但由此来看这件瓷枕，便觉不可思议。

瓷枕的造型功力，放在雕塑史上看，也是"专业"水准。参照《秋庭婴戏图》，神情样貌颇为神似，连服饰纹样都精雕细刻，纤毫毕现。

而制作的工艺难度（非指艺术水平），陶瓷雕塑远远超过绘画。它不但需要高超的造型能力，还需要一整套制作技术与之相配。事实上，在陶瓷工艺中，雕塑也较器皿难度更大。而定窑虽然称霸一方，但在当时，既没有"中央政府"的投入，雕塑瓷本身也未能成为一个庞大产业，不足以用市场的力量来推动工艺进步，有如后世的德化白瓷（参看图5.15）。非但如此，中国古代雕塑，汉代以后表现世俗人物的极为少见，瓷器就更不寻常。

在陶瓷史上，这件陶瓷雕塑的杰作真如横空出世，既没有可靠的源头可以见其师承，更后继无人。

它何以出现，又为何消失，也许是个永远无法解开的谜。不过，近代的窑址发掘也许能够给出合乎情理的解释。定窑窑址在今天的河北曲阳被发现，历史上，曲阳一直以石雕闻名。它的出现既远远早于瓷器，后世延续的时间更远非定窑可比。直到清代，曲阳石雕仍名震一方，并为宫廷所重视。

这大概能够解释定窑何以有如此高妙的造型能力——或许，正是技艺高超的石雕匠人参与其中。

而这白瓷枕，远远看，也正有如石雕。

宋定窑印花白鹿衔芝图折沿盘

白色的奢华

在陶瓷上以单纯的白色来表现丰富的层次与复杂的画面，展现无与伦比的精致与华美听起来如此不可思议。

画面最引人注目。它精致华丽，清晰明确，不容置疑，即使把它和数百年后清代官窑最巅峰的雕刻作品共置一处，也毫不逊色。画面中央两只鹿在枝繁叶茂间穿行、嬉戏，优雅从容，神采奕奕。枝叶卷曲舒展布满盘面，却丝毫不觉拥挤。

有一种欢快的情绪，观者很难不受感染。

虽然人们会倾向于把它看成纹样——遵循一致的规则、均称以及重复，但双鹿显然打破了平衡，以至于它完全可以被看成一幅圆形平面上的画作。

这种装饰很可能是从金银器中获得灵感，并以陶瓷自身的语言再现其华美的神髓。它使用一种叫印花的工艺，并非陶瓷所独有却在定窑瓷器中闪烁着耀眼的光芒。

完成这样的工艺，首先要制作模具，雕刻出精湛的图样。模具压在泥坯上，留下立体纹样。如果模具上的花纹下凹，泥坯的表面则突起如

△ 图3.10 宋定窑印花白鹿衔芝图折沿盘｜美国大都会艺术博物馆 藏 101

盘上所见（很少会在瓷器上使用凹陷的纹样），这使得画面浮起于瓷盘表面，有如浮雕。

这种工艺当然还有额外的好处，就是有利于重复生产，同样模具下烧造的瓷器，可以保持高度一致（使用过程中，模具本身也会磨损，多次使用后画面会渐渐模糊）。

它的好处显而易见，劣势也同样明显——刻花或划花工艺（参看图3.13）中以刀代笔的随性、潇洒与写意荡然无存。

盘形看似简单，却展现出丰富的层次。它叫折沿盘，口沿折出一道窄边，与底部平行构成另一个平面。连接两个平面间的盘壁同样印有凸起的纹样，界定出盘身的高度。于是两个平面与一个立面构筑了立体的空间。盘边最外沿又卷起一道细边，以黑色强调出另一个层次。

除了层次的丰富，盘身处处有矛盾，处处有反差有对比。

盘沿的宽度与盘底构成第一重对比。它像一个画框，仿佛并不属于画面本身却又不可分割；第二重对比则是盘沿的简素空白与盘底的华美丰满；第三重对比来自最边沿的黑色与盘身主体的白色。黑与白看似不成比例，但黑无疑强调出白的存在。它代表着世界的两极：黑与白，阴与阳。

更不易觉察的反差是它的实用性与装饰性。它是最为实用的器皿——一个瓷盘，却精美到令人不忍使用。事实上，装饰本身也具有对实用性的破坏——凹凸不平的表面显然不易于清洗。它为实用而创造，但审美的愉悦超过了实用本身。

最后，它的丰富层次、它的多重对比与反差，都沉浸在单一的白色之中，以至于远看时仅仅只能看到一个白盘。远看的平常与近赏带来的惊叹构成了最后一重反差。

这件了不起的作品出自定窑，是宋代最为重要的窑口，显赫一时。尽管定窑还烧造其他釉色的产品，白瓷无疑是其最杰出的代表。

这不是一种寻常的白色，而像是染上了一层淡淡牙黄，以至于它即使刚刚从窑中捧出，也会立即让人感觉时光的痕迹。瓷器的冰冷坚硬被淡化，取而代之的是温度和柔软，令人陶醉。

但和所有其他宋代名窑一样，定窑也没能逃脱不幸的命运安排，随着景德镇窑的崛起，渐渐退出了历史的舞台。数百年后，那一片热烈的区域再也无人知晓，曾经的广阔窑场变成了田地。定窑的产地，一度成为历史的又一个谜。

后世只是从定窑的名称里得知，它产自古定州，但这实在是个过于辽阔的区域。

直到 20 世纪上半叶，考古人员最终确定了定窑窑址，在今天的曲阳县涧磁村和东、西燕川村一带。临近还有个叫龙泉的村子，与远在浙江的龙泉窑遥相呼应，南青北白。

更巧的是，曲阳的另一项工艺一直为人所熟知，那便是石雕。它在雕塑艺术史上声名显赫。

更有趣的是，两者都是白色。

宋磁州窑梅瓶

|

风花雪月

　　将其置于现代艺术展往往也能吸引人们的关注。但一件技艺精湛、制作精良的清代官窑瓷瓶却只能放在工艺品的展览上，至多是"古代艺术品"的区域内。

　　一件15世纪的达·芬奇绘画，不会被称为"古代艺术品"，它就是艺术品。但为何一件清代官窑瓷器会有这样的困扰？

　　这是因为在古代社会，艺术与手工艺原本一体。但近代以来，艺术与手工艺被强行分拆，艺术是艺术，手工艺成了工艺美术。前者地位远高于后者。接着回溯过往，问题由此产生。

　　有趣的是，理论上这件磁州窑梅瓶必然会归为手工艺品而非艺术品（在当时，它不过是一个大酒瓶）。它也并非出于某位"艺术家"之手，而是某个也许名震一时但今天完全无从考证的瓷器作坊。

　　但抛开一切背景，把它单纯摆放在一个艺术空间，我们仍然会将之视为一件产品？还是一件艺术品？又或是"艺术化"的产品？

　　纠结于现代人对艺术的定义并无必要。

　　这是一件动人的瓷瓶。它或许比任何一件瓷器都更具有"中国特色"。

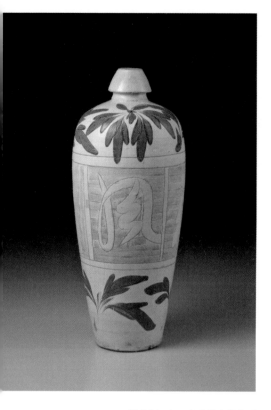

图 3.11-1　宋磁州窑梅瓶 | 日本大阪市立东洋陶瓷美术馆 藏

不仅因为它的主体装饰是汉字，更因为它展现汉字的方式。

　　匠人们把瓶身均匀地分成了四个面，框定相等的长方形，框内各有一个汉字：一面是"凤"，其余是"花""雪""月"，连起来是"凤花雪月"，也可以是"雪月凤花"——任何一个字都可以成为起始，也可以是终结。尽管只是四种常见的自然现象，但它们频繁出现于文人笔端，因而连成一词便具备了强烈的抒情意味。

图 3.11-2　宋磁州窑梅瓶 | 日本大阪市立东洋陶瓷美术馆 藏

书写的形式更与内容巧妙配合。

字是行草写法。所谓行草，简单的理解就是正体汉字的快速书写，笔画之间有因运笔迅捷而造成的连接或省略，使得有时候变得不易辨识（省略本身也形成了一套规范）。

比如第一个"风"字。在宋代，标准的写法是这样：風。但瓶上风字的中间部分就简略成一根连续波动的细条。而"花"字对于普通观众而言已经难以识别。

唐代楷书大行其道，到了宋代，却是行书的天下。宋代四大书法家，苏黄米蔡（苏东坡、黄庭坚、米芾、蔡襄），无一不是以行草书名世。瓶上舍楷书而用行草，能看到时风。非但如此，字体与内容也契合。试想换成板实的楷书，哪里还有"风花雪月"的感觉。

不过，瓶上的"风花雪月"并非"写"而是勾勒出来的，书法中称为"双勾"，常常用于书法原作的复制。相较于直接书写，双勾工序复杂。这当然是"艺术效果"的需要，出于精心的设计。

精心设计的不止是写法。写字从来白底黑字，偶有红底黑字，或者红底金字，都是出于特殊场合的需要。但这里，白色汉字浮现于白瓷的表面。

为了避免单调并使之能够更好地呈现，制作者采用了巧妙的办法，在空白处用横线打底，硬生生地"做"出了一个层次，在黑白之间创造出了一个灰度的空间。

主体之外就简单多了，瓶肩与近底足的位置，直接用黑色挥洒叶片，出笔迅捷。于是画也有了。

诗书画算是全了。黑白灰也全了。

这种酒瓶在宋代被叫做经瓶，在当时，是广泛流行的式样，从南到北各地窑口都有烧造，器形却保持着相当的一致性——高挑，瘦长，亭亭玉立。不过今天，它被称为梅瓶（参看图 5.4）。梅瓶一直广受欢迎，历代都有烧造，也不断变化。元代梅瓶挺拔而壮硕，明代以后，器身不再强调高挑，越发雍容典雅。

磁州窑的窑址在今天河北省邯郸市彭城镇和磁县的观台镇一带，磁县在宋代叫磁州。虽然五大名窑中没有一席，在当时却是最兴盛的北方窑口之一。与汝窑、官窑的不假装饰大异其趣，磁州窑竭尽所能丰富装饰手法，工艺或刻或画，题材更是书法、绘画、纹样装饰无所不有。

尽管也有彩色的运用，最受欢迎、成就最高的仍是这类黑白分明的产品。它有如今天的黑白照片（不像国画的水墨）。

在当时，这无疑是因为技术的限制（早期黑白照片也是），但今天看来，却别有风韵。正如彩色照片征服世界后，黑白照片不但没有消失，反倒获得了全新的、非同寻常的地位和价值。

宋登封窑珍珠地划花虎纹橄榄瓶

虎虎虎

我第一次看到这件杰作时，一面深受震动，一面却忍不住要笑出声来。

能看出瓶上画的是什么吗？

老虎！

竟有这样的老虎，连猫都不像。尽管它不失威猛，但总觉得哪里不对，它在凶猛的表象下露出无法掩饰的滑稽。像《功夫》里周星驰身边的胖子，一身横（肥）肉，欲作凶狠而不能。

它的姿态——的确——张牙舞爪，却两脚站立，不像饿虎扑食，倒像今天卡通动漫里的形象；又或是小猫小狗模仿大人站着作揖。

嘴大张，尽露尖牙利齿，鼻子却像猪鼻（明代龙纹的鼻子也很像，干脆被叫做猪鼻龙——古玉里也有），如同给一个凶狠的暴徒装上小丑的红鼻子，颜面尽失。尾巴画得粗壮，像一条沉重的索链，于是这个作势猛扑的画面，倒像是扑到猎物眼前的一霎那，忽然被身后索链猛地拽住，再无法向前一厘米。

很难想象这是出自经过严格训练的画师之手。

△ 图 3.12 宋登封窑珍珠地划花虎纹橄榄瓶 | 故宫博物院 藏

事实上，制瓷业在宋代虽然得到极大发展，却还是民间工艺。匠人自身没有学习绘画的可能，"专业"的画家又不屑一顾。于是，匠人们在瓷器的表面绘画，只能因陋就简，或从插图里模仿或从其他民间装饰中寻找素材，现学现卖。

但这也意外地（或不出意外地）创造了不同于"专业"绘画的另一种美，它有时稚拙、生涩，却充满天真、活力与想象——这恰恰是"专业"的绘画训练需要排除的。

老虎在古代是大受尊崇的猛兽，进而神兽。青龙、白虎、朱雀、玄武，四象中，只有虎是实实在在的存在。

它是百兽之王，威风八面；又为人憎恨，被贬为"大虫"，被武松打死，人们拍手称快，并奉武松为"打虎英雄"。

军队里调兵遣将用的是威严的虎符，民间用得最多的倒是憨态可掬的虎头枕。

人们对虎充满复杂的情感，又爱又恨。像橄榄瓶上的这只，也许本意想表现虎的威武凶猛，但不知怎的，却变得虎头虎脑了。

老虎刻划在泥坯上，如同白描。空白部分，一个个密布的圆圈将其填满，产生强烈的装饰效果。人们将之称为珍珠地（陶瓷画面的空白处叫地），显得诗意而珍贵。它原本就是一种底纹，如同画纸上那样，单独看时足以令人赞赏，画笔一落就立即退居背景位置成为画面的衬托，绝不抢夺人们的视线。但在这里，珍珠地无疑成为不可缺少的一部分，与画面主体分庭抗礼，甚至整体的风格正是由此奠定。

有趣的是，为了表现虎身的斑纹，画的也是这种圆圈，只是远不及底纹密集地挤在一处，成为一种有趣的呼应。

这甚至让我想到草间弥生。

在博物馆的展签上，它被定名为橄榄瓶。的确，如果把橄榄与之并置，不难发现两者的相似处。不过，历史上并没有有关器形名称的记载，如果说器形的设计来源于橄榄，也非常可疑。毕竟，如果把它和早期的某些陶罐放在一起比较，还更相近。事实上，在陶瓷发展的历史上，演化的力量往往大于设计。

倒是清代的橄榄瓶全然出于设计（参看图 6.22–1），但看上去与此并没有多少相似之处。

把宋代的这种造型称为橄榄瓶，大概是受了清代瓷瓶命名的启发，如博尔赫斯所言："每一位作家创造了他自己的先驱。"

虽然形似橄榄，气质颇不相同。橄榄两头尖，中间鼓，看上去乖巧可爱，带着几分细腻的精致，这件却古朴敦厚，拙中见巧。瓶身同样瘦长，两头收拢，但更像是拉长的石鼓，保持着丰满的分量。口沿下深深的一收，给瓶身增添了几分秀美姿色，拙中见巧。

这件橄榄瓶产自宋代的登封窑，地处河南，目前发现的古窑址有六十多处，可以想见当时的繁盛。尽管在宋代林立的名窑中并没有特别突出的地位，但必定是其他窑口无法忽视的对手——它如此与众不同，所创造的风格在今天看来都让人觉得"现代"。不过，也许正是因为这种"现代"，太超越一个时代的审美，此后迅速在历史上沉寂，不为人知。

直到今天，它才被"重新"发现。

宋耀州窑凤纹提梁壶

壶里乾坤

　　总是被早期瓷业中那种无拘无束的挥洒与信马由缰的想象所感动。

　　这件耀州窑提梁壶元气淋漓。壶身鼓胀，沉稳重拙，有巨石般的力量，不是力拔千钧的神兽，难以负载。是什么样的三足神兽，稳稳地将它托起，却也深深地弓下足，仿佛稍一懈怠就会功亏一篑。

　　与之鲜明对比的是高高抛起的一道弧线。这种结构在瓷器上叫提梁，据说由东坡居士取名，后来在紫砂壶中蔚为大观，瓷壶中倒不多见。在这道梁上轻轻一抓，似乎能将下沉的千钧之力提起，举重若轻。一提一举，巧妙呼应。

　　壶嘴做成兽首，有说是龙，总归是神兽。这样一看，壶身就是兽身，足也有了，而梁恰恰是尾——这是什么样的怪兽？

　　兽首高昂，是受了梁上仙人的逗弄吗？仙人长袖翩翩，安然端坐于险处，泰然自若。工匠们却完全不刻画细节，深得国画中写意的神髓。

　　如果不是器物本身丰富的细节，这很容易被看成是粗制滥造的偷懒做法。

　　兽首与足不必说，提梁也满布鳞片。但最精彩的还要算壶身雕刻的

凤纹。

仍是无比夸张。这一次，凤首极大，身却小，两相对比，凤身竟不如凤首大（对比下神兽的身与首），让人想到如今流行的大头人偶。但不笨拙，飞动的姿态显得优雅而妩媚，神采飞扬。凤的轻与兽的重，凤的飞扬与兽的沉稳间张力十足。

这种浮雕的效果在瓷器上叫刻花，以刀代笔在半干的泥坯上刻画。耀州窑的刻花潇洒奔放，用刀爽利，干净利落。尽管后来明清官窑把这项工艺发展得更为精致、规整、一丝不苟、分毫不差，却远不如此时的刻花精彩：它恰恰在"生"与"熟"之间，太生，就变得草率以至粗鄙，太熟则匠气十足。这是工艺与画意的统一，历代瓷上雕刻，难出其右。

刻花的精彩，又进一步被釉色所衬托，加强。

宋代瓷业大体仍是青瓷与白瓷共分天下，地域上却不是南青北白，泾渭分明。耀州窑以青瓷为主，却是不折不扣的北方窑口。事实上，宋代瓷业发达，窑口遍及各地，新技术、新工艺层出不穷。今天学界将最主要的各大类称为窑系，在最重要的六大窑系中，耀州窑稳稳占据一席。虽然影响广泛，但核心的区域只在今天的陕西铜川市黄堡镇。

这件提梁壶釉色深翠浓郁，却仍干净透亮。纹样的线条边缘色调更深，全因雕刻后花纹浮起，边缘凹陷。凹陷处釉极厚，釉厚色就浓。

这使得单一的颜色产生了丰富变化，引人入胜。

耀州窑自唐代始，宋代渐入佳境，一度成为贡瓷。从这件作品来看，自是当之无愧。宋神宗时期，甚至将当地的窑神封为"德应侯"，所立《德应侯碑》如今深藏于西安碑林。如碑文所记："巧如范金，精比琢玉。""击其声，铿锵如也；视其色，外如温也。"所言不虚。

但不要以为耀州窑的每一件作品都如此精彩。陆放翁在《老学庵笔记》里就说，"然极粗朴不佳，惟食肆以其耐久多用之"，一如今天的饭馆餐厅，多不会用昂贵的餐具。

不过，一类瓷器影响的广度在其数量，而其成就的高度，却往往取决于那最精彩的几件瓷器而已。

这件提梁壶无疑是其中最杰出的代表。

除了充满想象力的造型、潇洒灵动的刻花以及深翠迷人的釉色，还有一个细节颇值得反复玩味，整个瓷器有一足稍矮，于是向头部倾斜，仿佛是仙人的重压让单足更不堪重负。无法得知，这是刻意的做法，还是无意为之，妙手偶得。而这，恰恰又让作品上升到一个新的高度，使之不再是一把如同雕塑的瓷壶，而是一件无与伦比的壶形的雕塑。

宋龙泉窑琮式瓶

玉琮

因为无知，我第一次看到琮式瓶时，觉得它真是瓷器中最精巧的设计，横空出世，结构复杂，精美绝伦。

一眼看去，那是一个方正的花瓶，如立定的士兵钉在地上，硬朗，挺拔。口沿圆转，柔软了坚硬的外表。仔细看，底足的圆与口沿相对。这很容易让人想象瓶的中心有一根圆柱自上而下贯通，构成了外方而内圆的结构。古人说天圆地方，于是这件瓷器就有了不同寻常的意义。

在同时代的器形之中，它显得过于精巧复杂。宋代的瓶，绝大多数都是圆形，并且尽量避免外部形态的夸张与复杂变化。这既是时风所致，也受制于工艺。即使在数百年之后，方形器的成形也远比圆形器复杂得多，难度更大，成品率更低，出镜的频率自然也远远不如圆形器。

这让我对它的诞生充满遐想——是何等能工巧匠的天才想象与创造？

但创造如此精彩的器形，使之在全人类的造型艺术史上闪闪放光的荣耀并不属于精雅的宋人，也不属于光辉的唐人、强盛的汉人，秦人也没份，甚至不属于任何有文字记载的中国文明。它出现在文字之前，出

现在"中国"之前。

那是被称为新石器时代晚期的历史时期，人类有了农耕，有了陶器，居有定所。

这一代先人创造了此种器形，使用的材料，是玉石。

玉在中国的历史有七千年，陶器还能追溯到更早。就实用而言，陶器无疑扮演着更为重要的角色，玉器却大多没有什么实际的用途。

但人类越文明，无用之物价值越高。

商周时期，玉已是礼器，《周礼》上说："以苍璧礼天，以黄琮礼地，以青圭礼东方，以赤璋礼南方，以白琥礼西方，以玄璜礼北方。"玉的地位尊崇。陶却仍然是陶，用途广泛，地位卑微。

这一高一低，自然难有交集。数千年来，自顾自演化，却不想到了宋代，发生如此戏剧性一幕：瓷器模仿了玉琮。

没有明确的记载说它效仿了玉琮的功用（作为礼器），器形也非亦步亦趋：玉琮原来中间是个贯通的圆孔，但瓷器的底部封了起来，成了一个瓶（现在被称为琮式瓶）。瓶当然可以用来插花，或仅仅只是做个陈设，装点文人的书房、富人的前厅或是置于内府，供皇帝赏鉴。

这个瓶形远比当时常见的器形复杂、精巧：如层垒，如竹节，展现出颜筋柳骨的力量之美。口部与足部一拢，成了周正的圆，方圆兼备，刚柔相济。这就产生了新的节奏：圆、方、方、方、圆。有始，有终，如一段美妙旋律。

完成这种精巧的结构并非易事，需要付出数倍于圆形花瓶的努力，因为所使用的工艺与通常的圆形器迥然不同，所以古玩行里流行着一句"口诀"叫：一方顶十圆。

模仿功用易，模仿器形难，模仿材料则难上加难。

◁　图 3.14　宋龙泉窑琮式瓶 | 台北故宫博物院 藏　　　　　　　　　119

我们欣赏一件古代工艺品，往往重视工艺远远超过材料本身，甚至有时还会忽略材料的存在，比如一件核雕或一件漆器。玉是个例外。

玉早早获得了超越一切材料的崇高地位，原因并不复杂。孔子首先将玉比作君子："夫昔者君子比德于玉焉。温润而泽，仁也；缜密以栗，知也；廉而不刿，义也；垂之如队，礼也；叩之其声清越以长，其终诎然，乐也；瑕不掩瑜、瑜不掩瑕，忠也；孚尹旁达，信也；气如白虹，天也；精神见于山川，地也；圭璋特达，德也。天下莫不贵者，道也。《诗》云：'言念君子，温其如玉。'故君子贵之也。"（《礼记》）孔子细数了玉的特点，再和人的品质做出呼应，于是玉成为此后中国文人理想的人格象征。而其中最核心的表述，离不开温润，那代表着"仁"。

模仿是成功的。

淡青的釉色，温润的质感，都能让人瞬间联想到玉。

最初，是怎样一种动机让人们尝试模仿如此复杂的器物而又不在意它原有的功能，是皇帝的异想天开？是大臣们的曲意逢迎？或是士大夫纯粹对美的追求？如今已经不得而知。

但可以肯定的是，它的存在并不必然。

数百年以后，明代文人见到这种瓷瓶时，必然感到惊异、欣喜。没有人知道它的来历，也并不知道它确切的用途。不知何时又是何人首先猜测它的用途是插蓍草用于占卜，于是取名蓍草瓶，但就这么叫开了。文人也很快放弃了插蓍草的功用，认为极适合用来插花。

袁宏道在《瓶史》中写道："养花瓶亦须精良……大抵斋瓶宜矮而小……蓍草、蒲槌，皆须形制短小者，方入清供。"文震亨在《长物志》里也说："瓷器用官、哥、定窑古胆瓶，一枝瓶，小蓍草瓶。"

不过，我始终觉得，以之插花，实在是委屈了它。它棱角分明的外形使之具有一种孤独乃至孤傲的气质，特立独行，不可侵犯。

它立在那里，就似乎占据了周围的广阔空间。用之插花，但没有一种花卉能够驾驭这种气场。

它外方内圆的设计看似与古代文人所提倡的外圆内方的处世哲学大相径庭，但其实更符合文人的风骨：内心的敏感与丰富，外在的坚定与威严。

它坚实有如一栋建筑、一座塔，高高耸立在陶瓷的历史上，傲视群雄。

宋龙泉窑双摩羯鱼耳纸槌瓶

|

墙外香的雪拉同

这种造型在宋代大受欢迎，传世既多，变化又丰富。

在宋代流行的简洁造型之中，它算复杂的。同类器形最大的变化是耳。这件瓶上是一左一右对称的两条鱼；同样经典的还有凤耳，左右凤凰，故宫博物院和台北故宫博物院都有收藏；其他有云耳的，水准大大不如。去掉耳又不一样了，甚至更为经典，叫纸槌瓶，据说是因为和制纸时所用的木槌相像。

这对鱼耳不普通，叫摩羯鱼，龙首鱼身，是佛教神物。更不普通的是造型，比起器形的简单利落，这对鱼似乎过于复杂，瓶身仅二十几厘米高，鱼身长不过三四厘米，而鱼嘴、鱼鳍、鱼尾以至鱼身鳞片都交代清楚，历历在目。大处清爽干净，小处精雕细刻。细节的精致并不妨碍整体的简洁，相反，更衬出其素静高雅。有如素装美人，恰到好处地点缀着精致华美的首饰，更显气韵风度。

这其实构成了双重对比：造型的简与繁，质地的粗糙与平滑。

鱼的造型也讲究。鱼身拱起，张力十足。鱼尾一翘，和头部形成一个S形。紧张处又添柔美气质。一刚一柔，又一重对比。

图 3.15-1 宋龙泉窑双摩羯鱼耳纸槌瓶 | 美国大都会博物馆 藏 ▷

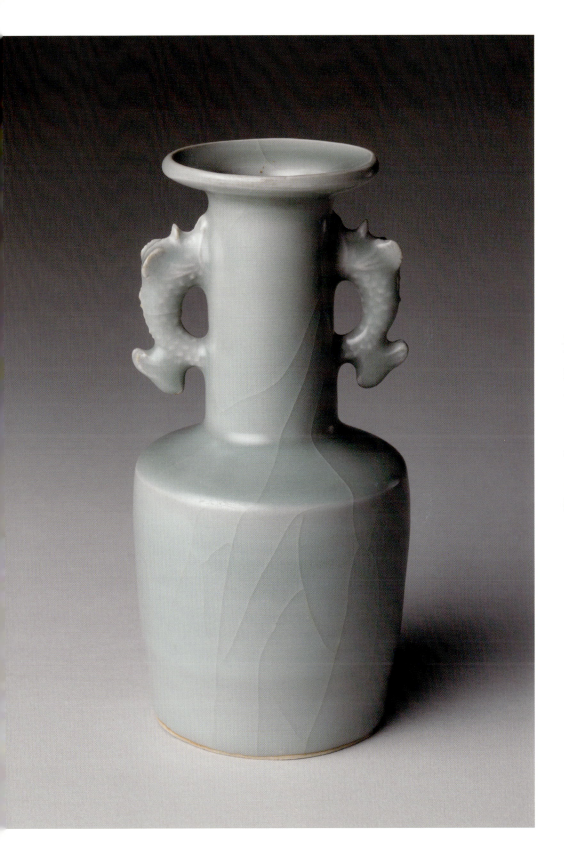

鱼的作用还不止于此。

瓶身是上下两层，高度基本一致，像两个均等的乐音。但鱼耳的加入，仿佛让上部多出几个节拍，急切起来，衬得随后的旋律舒缓。

鱼之外，瓶身的造型也处处显出精妙。

口沿平展如盘，叫盘口。颈部是利落的圆柱形，直而挺，再往下是一个更粗的圆柱。两个圆柱相接，极易生硬笨拙，这里却用几处细微的变化轻描淡写地化解。先是肩部轻轻一斜，接着下部柱体微微一收，立刻生动起来。轻斜的肩部又与盘口的底部上下呼应。口部与肩与底，是三个平面的圆盘，上面最小，肩最宽，底又微收，略大于口面的直径。

并非无关痛痒，造型的精妙恰恰包含在这般细节中。

于是这看似简单的器形，处处对比，处处呼应。种种强烈的对比与冲突，巧妙地融合在温柔娴淑的表面之下，虽暗潮涌动，却波澜不惊。

它烧造于七八百年前的浙江龙泉。古代属于处州，历代名窑如磁州窑、耀州窑、钧窑、汝窑，都以州名，龙泉窑却不叫处窑或处州窑。或许是龙泉原本名气太大。李安的《卧虎藏龙》里，玉娇龙逃婚跑到酒楼里大打出手，边打还边吟了首诗，其中一句"青冥宝剑胜龙泉"，就是这个龙泉。胜的当然不是龙泉瓷，是龙泉剑。不过，龙泉剑最初不是龙泉所产的宝剑，而是春秋战国名剑，初名龙渊，唐避李渊讳，改龙泉。龙泉因剑名，瓷又因县名。

龙泉瓷盛于宋代，以青瓷闻名。这件双鱼耳瓶，就是南宋遗物。

不过宋代名窑林立，龙泉窑还难登三甲。倒是到了明代，蜚声海外。

今天英文里 Celadon 即指一种灰绿色，又用来特指龙泉青瓷。以一

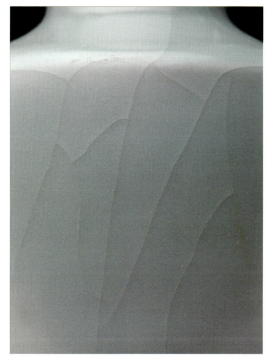

图 3.15-2　宋龙泉窑双摩羯鱼耳纸槌瓶（局部）

个专有名词来指称一种瓷器，青花瓷都没有这个待遇。青花瓷在英文里叫 blue and white porcelain，直译就是蓝色和白色的瓷器，很直白。

据说 Celadon 其实是 16 世纪法国作家杜尔夫一部作品男主人公的名字，小说叫《牧羊女亚司泰来》，后来被改编成舞剧，大受欢迎，尤其男主角登场时穿着一件绿色衣服，很是惊艳。刚好中国瓷器涌入欧洲，其中就有龙泉青瓷。法国人见后惊艳，高呼 Celadon。于是 Celadon 流行开来，甚至成为专用名词。如今译回中文，叫"雪拉同"。

法国大导演侯麦的绝笔《男神与女神的罗曼司》拍的就是这个故事，各幕之间都有一个空镜头，干净的绿色，雪拉同。

　　不过，彼时龙泉窑已是强弩之末，雪拉同也不能拯救它无可挽回的命运。

　　代表龙泉窑瓷器最杰出成就的还要算这件宋代纸槌瓶。它在造型上的精妙算计，每一处细节的准确拿捏，复杂的对比，丰富的层次，令人沉醉的色调与温润如玉的质感无不令人迷醉。而这一切又都隐藏在它安静平稳的表面之下，从容优雅。

　　我常常会想，这样完美的器形，到底有多少出于人为的"设计"，又有多少是不经意的妙手偶得。

　　事实上，一件器形趋于完美，往往是一代又一代匠人不断修正、变化、延伸，每一点改变并不意味着向完美更进了一步，好像基因的遗传与变异。初时并不清楚好坏，但那些符合同代人审美的改变会更受欢迎。而随着时风的转向，它又不断更迭、演变。

　　不过，如果幸运，它或许在臻于完美的那一刻定格，像这件作品呈现的那样：所有的美都在控制之中，志得意满。

　　但一场意外险些将这一切毁于一旦。

　　开窑后，这件瓷瓶的釉面居然裂开，和同一窑其他的产品相比，它无疑成了一件次品（这无心的变异，不同于官窑或哥窑的冰裂纹）。

　　但更不可思议的是，这场意外，这种看似普通的问题（釉裂经常出现），却又一次丰富了它的美，增加了一重对比。这重对比的重要意义甚至远远超出前文所列的一切，那就是：完美与残缺。

　　从而，它使这件纸槌瓶甚至超越了美的范畴，不可思议地进入了哲学的领地。

宋景德镇窑青白釉瓜形壶

一壶风雅

　　想象这把瓷壶被置于一张长桌或条案上，而非隆重地陈列在博物馆里，你是否会立刻想到它是一把茶壶，顺便猜测里面泡的是什么茶？

　　自然不是咖啡壶，那是西洋人的玩意儿，浓重、刺激；油壶、醋壶就更不沾边，没得脏了这白净清爽；酒似乎也不合适，今天的酒——二锅头，透着几分匪气，即使茅台也听不出文气——毕竟是炙手可热的股票。

　　似乎只有茶，配得上这样的素静优雅。

　　壶身做成瓜形，瓜果是入文人清供的，自然入得画、入得诗。"欲识东陵味，青门五色瓜。"

　　壶盖顺理做成瓜蒂，精巧却也无需高妙的想象，壶把和壶流（嘴）弯成藤蔓：并不刻意模仿枯藤老树扭曲的力量，只顺势而为，取其神似，如写意。

　　但也看得出细密的心思：把是两根并置，壶流当然就不用。壶把与壶流一弯一展，一张一弛，一放一收。左呼右应。看似随意，却饱含张力，有种内在的紧张感。

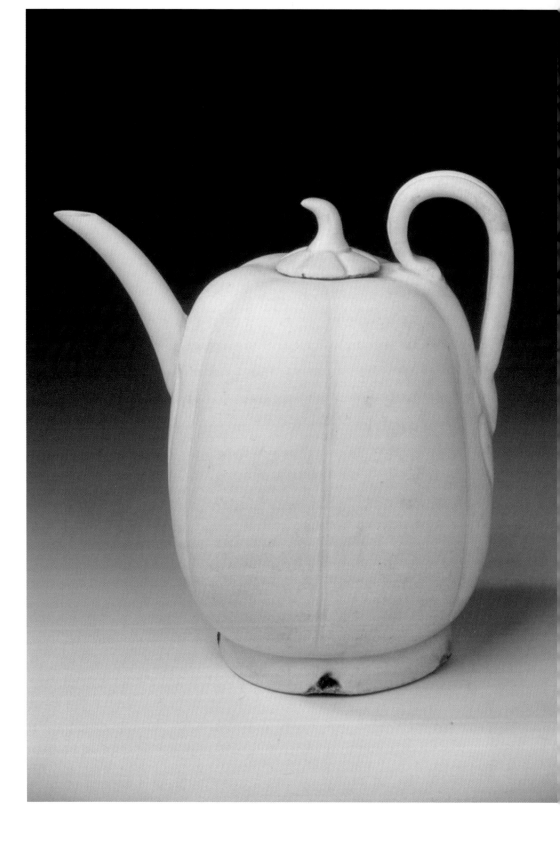

要完成这样的造型并非易事。需要动用当时所能运用的大部分成形工艺：壶身要在轮车上拉坯，再压出筋线，盖钮全靠捏，壶把先要搓出泥条，弯出恰当的形状贴在壶身上。壶流也是泥条，可是要中空，做成一根管子，一端粗一端细，往上懒懒地一弯。

圈足没有与壶身保持同步：一个规整的圆，像个扎实的底座，稳稳立住。

壶身微微泛青，不经提醒，很容易看成纯粹的白。不过壶身的凹线会提醒你注意，那里的青色就不含糊。这并非匠人有意为之。制作时，不过是让釉层均匀覆盖素坯。只是釉在凹处会自然堆积，烧成后，原本极淡极淡的青就浓了，清晰可见。

这种釉色与质感，有个专门的名称叫影青，诗意而传神。但青瓷名目众多，天青、冬青、豆青、粉青，影青置身其间，很容易让人误以为是青瓷的一种。但其实不是。学界的定名叫青白瓷，不是青瓷，也不是白瓷，是独立的一个大类。在宋代，它足以与青瓷、白瓷分庭抗礼。这很不可思议。以当时的眼光看，青白瓷显得很有几分不合时宜。

唐代以来，南青北白的格局已延续数百年，势均力敌。如果以一种全新的悦目颜色打破平衡，当然是顺理成章，毫无意外。数百年后青花瓷异军突起，独领风骚，就是明证，更不用说更后来的彩绘瓷。

可青白瓷却夹在巨头中间：青不如越窑、龙泉窑，白不如邢窑、定窑。温吞吞，左右为难。还能期待它有什么惊人的表现？

可偏偏这温吞吞的青白瓷就受到皇帝的喜爱。北宋景德元年，真宗皇帝对一个叫"昌南"的小镇进贡的青白瓷大加赞赏，喜爱之情溢于言表，以至于这个小镇自此被称为"景德镇"，数百年后它名动世界，影

◁　图 3.16　宋景德镇窑青白釉瓜形壶 | 英国巴斯东亚艺术博物馆 藏　　　　　129

响之大完全成了中国的代名词。

受到皇帝青睐最重要的原因，是青白瓷如玉的质地。这种质地在唐代已初见端倪，"饶玉"的美名在坊间流传多年。不过即使在宋人看来，唐人的这一称谓未免有夸张之嫌。宋代青白瓷称饶玉，倒是实至名归。

南青北白，只说颜色，但颜色必然与质地关联。青白瓷看似不青不白，质地上却大占优势。毕竟玉尚白：青瓷颜色重了，白瓷质感又不及。于是青白瓷鼎足三分，也是顺理成章了。

这把瓷壶无疑是青白瓷的杰作。

它如舞者的定格，如书圣笔下精妙的字，饱含张力又气度从容。

它的制作需要高超的技艺，却又没有任何炫耀技艺的企图。

淡淡的青色如在玉石中晕散开来，那种幽微的变化，那种在反复的抚摸揉捻中才能体察的丰富质感，令人沉醉。

它是亲切的，不拒绝任何人，却又是冷漠的；它的美不刺激，不挑逗。

它看似自然天成，却是将丰富的意象熔铸其中，加以提炼，精准表达。

但出乎意料，尽管今天我们看到它时自然会认为是一把茶壶，不过它最初的用途，却并非用来饮茶。因为宋代的茶，流行点茶手法。茶碾成末，直接放进茶杯，滚水注入，叫点，点字很妙。另有一种喝法继承自唐代，叫煎茶，也不用这样的瓷壶。

今天我们常说来壶茶、泡壶茶，宋代是没有的。"且尽卢仝七碗茶""饭余共举此瓯茶""闲中一盏建溪茶"，喝茶或碗或瓯或盏。以壶冲泡茶叶的方法，要到明代以后。

论壶喝的其实是酒，酒仙李太白写道"花间一壶酒，独酌无相亲"，或是"我有一壶酒，足以慰风尘"。东坡居士说"几时归去，作个闲人。对一张琴，一壶酒，一溪云"。

于是，这壶多半是酒壶。

酒壶就酒壶吧，今时饮酒不及古人风雅，古人那里，诗酒茶，酒才是更近于诗的。

其实对壶来说，或酒或茶，都不减它自己的风雅吧。

宋吉州窑木叶碗（盏）

|

奇迹

但我们终生摆脱不了树叶的化石。——伊丽莎白·毕肖普

必然被视为奇迹，当一片真正的树叶在瓷碗中浮现。

难以想象它出于预先的设计，毕竟，即使金属也会在窑炉中熔化。它是出自某个天才的异想天开，还是"偶然"所创造的又一个奇迹，既无从得知，也并不重要。

我们只知道它诞生于宋代，在江西南部一座叫永和的小镇，当时隶属于吉州，被称为吉州窑。吉州窑尽管未列入宋代五大名窑的榜单，其成就与影响却丝毫无愧于名窑的称号。这种木叶纹碗所创造的奇迹自不待言，剪纸纹、玳瑁纹、鹧鸪斑等众多名品也显赫一时。

今天的吉州早已改为吉安市，并不为大众熟知，但它境内的井冈山却在中国近代史上赫赫有名，如今已是红色旅游胜地。但不要误会，红色并不是青山绿水间的主色调，那里枝繁叶茂。在古代，这是烧制瓷器所必需的。这种木叶碗，更需要树叶。

碗的形状像斗笠——古时挡雨的帽子，像是戴在头上的伞。"轻箬笠，

△　图 3.17　宋吉州窑木叶碗（盏）| 波士顿美术馆 藏　　　　　　133

绿蓑衣，斜风细雨。"

把尖裁去，倒放，就成了斗笠碗。

碗壁斜斜展开，硬硬挺挺，有种漫不经心的自在气度，如果微微带点弧度，就显出几分慵懒。这种慵懒自以为是，并不在意使用者的感受。

事实上，作为一个碗，它算不上称职。当作茶碗，它的容量要比同样口径的碗胃口小得多，热水冲入又太容易溢出。

摆在那里，很有些危险，似乎随手一碰就会翻倒。

它不适合抓，捧起来也有一种不合作的态度：它不适合人的手形，如今天所说的人体工学，而是要你去牵就它硬挺而毫不妥协的直线。

但人们不愿意改变它，仅仅因为它的美，像一个坏脾气的美人，迁就以至纵容，甚至连那些平时难以忍受的缺点也显得可爱。

今天也把它叫盏，强调它用于喝茶，早期茶碗、酒碗、饭碗通而用之，宋代越发讲究，很多碗变成喝茶专用。特别是这种黑色的——宋代流行斗茶（参看图 3.18），黑底很占便宜。

黑色不是讨巧的色彩，太深太暗，总和不吉祥联系在一起。想想这个词——黑暗，与光明相对，包含了一切的恶，但它又有一种坚实的幽深品质，是夜的神秘，是梦的自由，是无尽的时间，是宇宙。

当你注视着木叶碗的黑，仿佛会深深陷入其中，但碗边的一抹微黄如曙光。

最不可思议的还是树叶（考虑到茶也是树叶，木叶碗实在是一个完美的隐喻，作为茶碗，再适合不过了）。

它如此惊人，即使是熟悉了数不尽的视觉奇观的现代人，初见时也会惊讶不已。但仅仅把它当作一种技术的炫耀，无疑大大低估了它的美。

模仿自然始终是艺术最重要的功能，宋代绘画对现实的观察与再现正是中国绘画史的高峰。而这里的树叶，超越了模仿，它本来就是真实的：匠人们把树叶浸泡，去除叶肉，保留叶脉，沾釉后贴于碗内，经过烧制，奇迹诞生。叶脉纹理清晰，如在枝头。

但它又有"艺术"的加工，叶片被釉填补，发生作用，使之与真实的树叶产生了距离，亦真亦幻。它的最终效果无法预料，更不可重复，如同艺术家每一次全力以赴的冒险。

当水注入碗中，叶便随之光影摇动，仿佛微风拂过在枝头轻摇。

于是，这个茶碗便饱含着生命之力、自然之美、人力之奇。

千年以前，当宋人点茶时，白沫泛起，树叶的奇迹就被掩盖。一饮而尽时，叶片又浮现出来，给人惊喜。而今天当我们再次目睹这一奇迹，感受到的惊喜，或许，并不亚于千年前饮茶的古人。

宋建窑兔毫盏

|

点茶神器

一种黑乎乎的小碗能勾起一个时代的痴狂，匪夷所思。

黑从来不是一种讨喜的颜色，倒是常常被视作不祥。但在陶瓷史上，黑却举足轻重。

陶不必说了，早期瓷器的色彩就只是青（淡绿或淡黄）、白、黑。白的出现其实晚得多。而青和黑简直就是两兄弟，因为不管是青还是黑，釉里都含有铁元素，只是多少的问题：含量低，就烧出青瓷，含量太高，就烧黑了。

不过，技术日新日进，青瓷越来越青，千峰翠色，如冰类玉；白瓷越来越白，"定窑天下白"，何等气概。可黑能怎么办？越描越黑，可不是夸赞。

瓷器到了唐代，南青北白，没黑什么事。到了宋代，青的更青，白的更白，黑瓷眼看着越来越边缘，却不曾想忽然来了个大反转，一下子抢了青瓷白瓷的风头。

何以至此？

全因宋代茶饮之风。

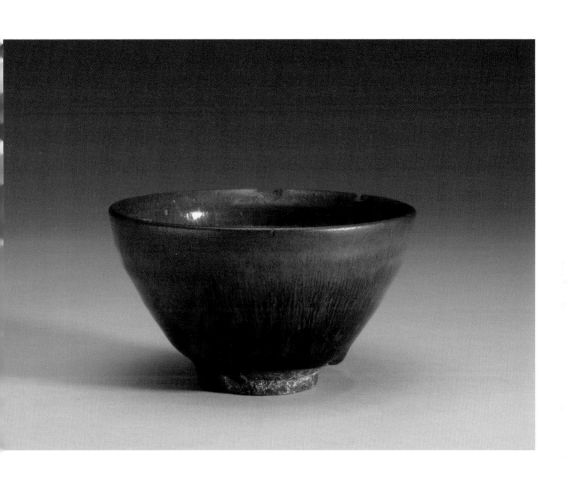

△ 图 3.18 宋建窑兔毫盏 | 台北故宫博物院 藏 137

图 3.19-1　宋建窑 | 日本大阪市立东洋陶瓷美术馆 藏

唐时的茶，果然是茶汤，叫煎茶，跟煮差不多。油盐酱醋，各种调料。茶圣陆羽独主张清茶，但也不避加盐。

直到宋代，风气一变，茶才真正是茶。上至帝王将相，下至庶民百姓，趋之若鹜。

茶的兴盛自然要带动茶具。最核心的用具要属茶杯，或说茶盏。南青北白各路窑口逐鹿中原，要分这杯茶。不曾想，最不被看好的黑瓷后来居上夺了头筹，它就是建盏。比如图 3.18 这件黑乎乎的茶碗。

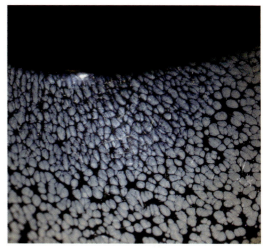

图 3.19-2　宋建窑（局部）

看上去其貌不扬却并不简单。

从底往上，线条向外一展，高高抛起弧线，口沿处却微微一收，瞬即一放，戛然而止。

口沿内侧于是形成一道箍，像是观音给行者带上的那道，三藏法师狠狠念了一顿咒。

今天的茶杯完全没有这样的设计，在当时会有什么深意？

宋代的茶，流行的泡法叫点茶。简单的理解是先将茶磨成粉末置于盏内，热水直冲，同茶末一并喝下（日本今天仍是这般喝法）。茶碗这道内凹的箍，恰好可以防止茶水冲出杯沿。在当时，这是绝好的设计。

另一个优势还是使用。建盏胎体笨拙粗厚（看看粗糙的足），比起汝窑、官窑以及青白瓷的精致细腻简直有天壤之别。但喝茶却成了优点。

蔡襄《茶录》里说："凡欲点茶，先须熁盏，盏令热，冷则茶不浮。兔毫坯厚，久热，用之适宜。"又说："建安所造者绀黑，纹如兔毫，其坯微厚，熁之久热难冷，最为要用。出他处者，或薄或色紫，皆不及也。"原来是泡茶之前要把杯盏烤热，粗厚的优势就显现出来。

最后的优点是黑。这仍是因为茶。

点茶时，热水冲下，会泛起白沫。这种与茶饮本身无关的意外，反倒是激起人们极大的兴趣，以至于人们深深着迷于白沫的多少、厚度、形状。某个形状如一朵花、一座山或一片云，又或唤起某种一致的想象，便会得到交口称赞。人们甚至为此进行规模巨大、人数众多的比赛，简单的较量简直随时随地都会发生。宫廷也不例外。这种比拼称为"斗茶"。

斗茶泛起的白沫，在黑色茶碗中最易突显。

于是建盏又胜一筹。

不过要说特点只是黑，实在委屈了这个茶碗。它在黑底之上，还有种种斑纹，最著名的一种叫兔毫，图3.18这种就是。宋代之前，毛笔多用兔毛鼠毛，叫兔毫盏，暗藏了几分文雅，自然大受文人喜爱。蔡襄说"兔毫紫瓯新，蟹眼清泉煮"，黄庭坚道"兔毫金丝宝碗，松风蟹眼新汤"，苏辙写下"蟹眼煎成声未老，兔毛倾看色尤宜"。一样的夸赞翻来覆去。

另有一种鹧鸪斑。"鹧鸪斑中吸春露""纤纤棒，研膏溅乳，金缕鹧鸪斑"，鹧鸪是南方常见的一种鸟，胸前布满白色圆点。如图3.19-1这件很是形象。建盏上的鹧鸪斑千变万化，光彩夺目，如暗夜中群星闪烁。

兔毫也好，鹧鸪斑也罢，都无法人为控制，妙趣全靠天成，甚至有时闪现出不可思议的光华，有如奇迹。

这种茶碗产自建阳，古时称建州，在福建。宋代建盏流行，日本人也趋之若鹜，却未涉足福建，而常由在杭州府天目山修行的僧人带回，于是被称为"天目"，其中名品被奉为国宝。

宋以后，斗茶之风不再，建盏忽然就没了着落，迅速衰退，终至断烧。

建窑就此沉寂。

辽黄釉凤首瓶

|

朝凤英姿飒爽

与唐代白瓷双耳瓶（参看图2.9）共置一处，会发现器形原来如此相似，气质却又如此不同。

仿佛是将双耳瓶去了耳，再拉长，换上颜色，就成了全新的器形。

细节的修改看似简单，造成的影响却难以估量。

最先是口沿的弦边，变成了波浪或花瓣状，灵动娇媚。颈部优美的弧线拉长变直，硬硬朗朗，但颈的下部添加一圈圈弦纹，简单却具节奏与韵律，极富装饰之美。

像一粒石子落入平静的水面，先是激起了浪花，接着漾开一圈圈波纹。波纹在瓶身处展开，节奏舒缓。瓶身往下又渐收，但保持着丰满的音色，近足处遇阻，乐音急切，几道细密的弦纹紧紧收住，多余的力量往下一放，展开，落地，无声无息。这不由得让我想到官窑弦纹瓶（参看图3.5）。

下部的变化最显著，不但拉长，还多出了"足"。

通身施黄釉，在当时，黄色还未获得代表皇家的地位，因而纯粹出于美的需要。施釉技术的不成熟使得釉色难以绝对均匀，像后世宫廷瓷

142

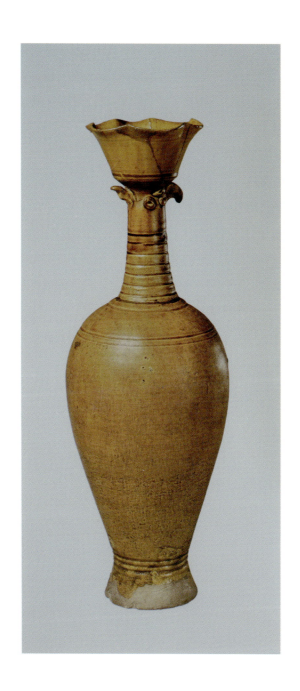

△ 图 3.20 辽黄釉凤首瓶 | 故宫博物院 藏

器所要求的那样。但深黄、浅黄间却另有变化之美，某些局部甚至给人意外的惊喜。即使是靠近足部无釉的部分，也像岁月留痕。

神来之笔是在盘口下捏塑了嘴、眼及冠羽，活生生有如凤首。于是瓷瓶如同雕塑。

尽管只是有限的变化，对气质的改变却大大出人意料，以至于多数时候完全无法将两者联系起来。

双耳瓶如大唐丰腴的美人，凤首瓶却英姿飒爽、亭亭玉立如凤凰。

这种瓷瓶出自辽代，与宋并立。辽由契丹人建立，作为游牧民族，自然没有制瓷业的根基，他们统治北方后，继承了汉文化传统，在原有的北方窑口基础上发展起独具特色的制瓷业。民族的特色融入其中，凤首瓶是其中代表，却不难看出与中原文化的关联。

这也解释了为何此处的凤不是一味娇媚，即便它也有女性的象征意味，却不折不扣是驰骋草原的女中英豪。

宋绿釉狮子香炉

神完气足

以为宋瓷只是简约就大错特错了。

它看上去全然是件雕塑，却是实用器皿，叫香炉，或香薰，甚至也有叫香薰炉，用以焚香。今天常把焚香炉区分为香炉与香薰，前者带盖后者不带，古代只是叫炉。

也有别称，叫出香，名字巧妙。焚香在炉内，被盖住，香烟溢出"蔼蔼如山穴之云"（陆游《焚香赋》）。山穴不只是比喻，著名的博山炉就是造作成山形的盖。

这里的盖是狻猊，或说狮子。狻猊是狮子的古称，但另有说法是龙生九子的第五子，喜欢烟火，被佛祖收为坐骑。

狮子最著名的典故是"河东狮吼"。周星驰《功夫》里差点打败火云邪神的就是"狮吼功"——包租婆的绝技，借用典故巧妙得很。这个说法其实是东坡居士的功劳，他在《寄吴德仁兼简陈季常》里写道："龙丘居士亦可怜，谈空说有夜不眠。忽闻河东狮子吼，拄杖落手心茫然。"陈季常为东坡友，存世的东坡书法中，《季常帖》是精彩的作品，即是当年书与陈季常的信札。诗中以河东寓陈季常之妻柳氏（柳姓是"河东

145

△ 图 3.21 宋绿釉狮子香炉｜安徽省博物馆 藏

三著姓"之一，唐宋八大家之一的柳宗元，世称柳河东，亦由此）。

苏东坡其实在用更早的典故："演法无畏，犹狮子吼。其所讲说，乃如雷震。"（《维摩经》）这是称颂佛祖的说法。陈季常学佛，苏东坡用佛典取笑他，巧妙得很。

故事发生在千年前的宋代，可知当时人们对狮子已经非常熟悉。只是狮子是舶来品，很少有人见过，但狮子都广受喜爱欢迎，影响深远，甚至成为一种文化，不能不说是个奇观。

这件香炉盖做成狮子形，没有真实狮子的威猛，倒是灵动、乖巧，大脑袋一歪，露着顽皮。张口，不像狮吼，倒像是狮子狗吐气。它的确是这个作用：香在腹中点燃，香气从口中吐出。

细节的刻画令人印象深刻。深陷的眼窝，瞪视的眼珠，列阵般威武的牙，耳朵摆动如翼，舌头翘起欲语。

脚踩绣球，绣球上有纹饰，绣球下有穗，构成民间广为流行的"狮子滚绣球"，增添了吉祥喜庆的气氛。

下面的座是炉身，极尽精巧复杂。样式是莲花台——又是和佛教有关。上层仰莲下层俯莲，俯仰生姿。仰莲又分了三层，由下而上递增，层层打开，如莲花绽放。往下与俯莲的连接又是三层，直径由小而大。但长度不同，产生了新的节奏。莲下坚实的底座，装饰繁密，金属般稳稳托住。

结构的复杂与细节的精妙令人称叹，如同交响乐一般在众多的音色与旋律中构成气势非凡的乐章。精彩处不胜枚举，细细分析足以写成一篇论文。

香炉通体施绿釉，釉色迷人，不由得令人联想到铜锈，因而平添了古拙的韵味。

因为表面有棱有角，有凹有凸，有平直有弯曲，釉在不同位置会有不同厚度，颜色随之深深浅浅、浓浓淡淡。最不可思议处是一些地方故意不施釉，露出胎体。这无疑需要冒极大的风险。无釉处自然被视为"质量问题"，把问题当作装饰手段，能否被人接受都存疑问，更不必说被人欣赏。这让我们不能不将之视为一种真正意义上的创作。

狮子形的香炉不是宋代的首创，更不是瓷上的发明。但这件绿釉香炉无疑将之推向了一个全新的高度：一件实用的器皿却能置身于雕塑杰作中毫不逊色；在高度的复杂中展现出高贵的气度，在古拙凝重中又能平添生趣；使用单一的颜色却能呈现出无穷的变化；充满细节的精巧却毫不琐碎。

它站在汝窑、官窑洗练素净的对立面，如两座高耸的山峰，正是它们共同构筑了宋代美学的广阔天地。

但后世非但没能继承这款器形，更没能继承它的神韵。

这不得不说是个巨大的遗憾。

第四章

元 —— 分水岭

元代瓷业技术的飞跃并未能如愿带来美学上的提升。延续中的宋代名窑，在元代多数未能保持宋时的美学高度。

即使是青花瓷的出现，也未能挽救美学上的衰败。无论在当时，还是在此后很长一段历史中，元代青花瓷所呈现的美，都未能得到主流文化界的认同。

它最大的贡献是烧造青花瓷而产生的技术进步与变革，事实上，这成为陶瓷史的技术分水岭。

制瓷工艺进入了一个全新的阶段，也为陶瓷之美的突破创造了无穷的新的可能。

元青花凤首扁壶

|

飞升

这是首都博物馆的镇馆之宝，尽管发现时已四分五裂。修复师高超的技艺令其恢复完好时的样貌，令观者赞叹不已（这种修补痕迹今天已经看不到了）。

习惯了圆球形，见到这件扁壶会有种新鲜感。

它是一个近乎完美的圆，但并未满足于绝对的均衡。首先打破平庸的是口和足。口小而圆，足宽而扁——它们确定了上下秩序。

进一步对均衡的破坏来自画面。如果说器形偏离绝对完美的圆形，不过是出于结构的需要，但并没有破坏对称的美。画面则不然。

主角是凤凰。这种想象中的动物在中国具有非同寻常的意义，既受到宫廷的重视，也广受民间的喜爱。因其优雅的体态、婀娜的身姿，它长时间被看成是女性的象征。

事实上，凤一开始不但不阴柔，反倒满是阳刚之气。《尚书》里说凤是"随阳之鸟"，而《诗经·大雅》中的"凤凰鸣矣，于彼高冈。梧桐生矣，于彼朝阳"，变成后来人们熟知的丹凤朝阳。丹

图 4.1-1　元青花凤首扁壶｜首都博物馆 藏　▷

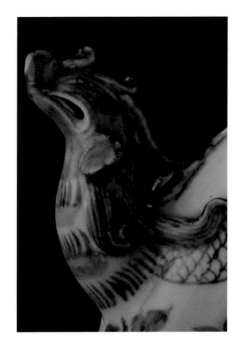

图 4.1-2　元青花凤首扁壶（局部）

是红色，火凤凰，当然是主阳。

　　赞扬杰出的人物，叫人中龙凤，而最早被比作凤的人，是孔子。

（拙作《纹饰之美》）

　　这里的凤凰保持着女性美的本色，很不寻常地挤在壶身上半部分，占据的空间不及一半。更大的空间都留给了辅助的纹样——并没有什么实际的意义，它们的出现似乎仅仅满足于装饰的需要：把多余的空间填满。

　　仔细观察，这些纹样非常有趣，似乎要努力将缠枝莲这种经典而程式化的纹样，回归于自然，却更偏离自然，成为幻想中的植物，为壶身增添了几分魔幻的色彩。

这也造成了一种意外的效果，似乎凤凰是在花丛中穿行。不过，与其说是穿行，不如说是飞升，它产生了不可思议的惊人力量。

作为一款产品设计，放在今天都是了不起的成就：一把壶，凤首设计成壶流（嘴），凤身画在壶身上，不屈从于造型，凤尾稍做变形，牵就成了壶把。（壶原本应该还有盖，不知道会是怎样的设计？）

最令人惊讶的是凤首。单独看，并非了不起的创造，雕塑在陶瓷上的运用几乎与陶瓷的历史一样悠久。在同时代，以瓷器雕塑佛像也已经高度成熟，就工艺而言，小小凤首不过是信手拈来。

但联系凤身便会有惊人发现：想象这原本是一只青花绘就的凤凰，因为某种神秘的力量，它竟然活了，努力从平面的桎梏中挣脱。首先是头，接着是尾，挣扎着扬起，跃然而出，兴奋不已。但那一刻，另一种邪恶力量中断了这一奇迹，凤首被定格，成为没有生命的瓷器。

这简直是神笔马良的另一个翻版。只是它比马良的故事早了数百年。

它是实用的器皿，但造型之精彩有如雕塑；它的绘画生动潇洒，色调艳丽而沉着，是元代青花瓷中最杰出的制作；它更是超越了一件陶瓷工艺品所能展现的实体之美的极限，跨入了纯粹想象的空间，展现出惊人的文学之美。这是制作者想象力的体现，也给观者提供了无限的想象空间。

一个小细节可能暴露出它工艺上的不足：凤首微微一扭，就壶而言，这无疑是个难以接受的瑕疵。但就我们所见，这难道不是更准确地捕捉了凤凰挣扎着飞升的那一刻吗？

不知道是该将这神来之笔归于创造者无与伦比的巧思，还是天意。

元青花鱼藻纹大盘

|

中国水墨与伊斯兰装饰

今天被当作元代最高美学成就的元青花，非但在当时没有得到应有的重视，后来更是彻底地从历史上消失，自明代到 20 世纪 50 年代的六百多年时间里无人知晓。要不是 2013 年一件元青花鬼谷子下山大罐以 2.3 亿元的成交价轰动世界，或许至今公众仍对其一无所知。

这块大盘是元青花的杰出代表，它的美一开始就具备全球视野。

大盘直径达 40 厘米，差不多是我们日常使用瓷盘的两倍，放在今天都是令人惊讶的尺寸。巨大的盘面画得满密，从内到外不留空隙，这显然与国画留白大异其趣。不过画面虽满，却不拥堵。盘面清清楚楚地分了三层，层与层间不但用线勾出一道细细白边，又处在结构的转折处，因而清晰肯定，界限分明。

每一层的装饰方法也全然不同。最外层是盘沿，以连续的菱形纹样布满，单用直线。中间一层更宽，是盘身的弧面，而装饰也全用曲线，画着影响世界的缠枝莲。正中间的部分是盘底：一个圆面，它构成独立的空间，不再是纹样装饰，而是一幅完整的画面。三层如三个音符或语词，连起如一段旋律，一句诗。

△ 图 4.2 元青花鱼藻纹大盘 | 美国大都会博物馆 藏

圆内的绘画仍然努力保持几何上的优美与对称，四组水草界定出菱形区域如画框，极巧妙——尽管其目的是再次构筑出一个独立空间，却并不将其封闭。这个菱形与盘沿的菱形装饰相呼应，如回旋曲。

　　不将水草相连成框是有道理的。

　　除了有形式感之外，画出水草，便是池塘，不必画水，这是国画中留白的妙趣。有水才有鱼。

　　正中一条鳜鱼如王者。这种鱼深受中国人的喜爱，它味道鲜美，从古至今都是最上等的食材。名字更好，鳜与贵谐音，让人联想到显贵、富贵或尊贵（其实鳜鱼的形象并不讨人喜爱，甚至还有几分凶狠，但从未被中国人嫌弃）。

　　青花瓷上的绘画方法全然承袭自国画。所用工具同样是毛笔，只是青花料与墨不同，制笔的匠人需要做相应的调整。画面本身也更说明问题：如果我们将圆心部分的画面单独提取，将蓝色调成黑色，一幅水墨丹青就跃然眼前。这在瓷器中是罕见的，因为瓷上绘画都是工匠，很难系统接受中国画的训练，而背后的原因颇耐人寻味。不同于其他时代，元代的汉族文人地位低下，匠人倒受重视，以致一些文人入了匠籍，元青花的绘画因而极有可能就有文人的直接参与。

　　无论是画法还是画意，这个元青花大盘都充分展现了中国画的特点，但整体视觉效果又呈现出明显的异域风情。

　　如此矛盾的风格暴露出来源的复杂性，也为元青花在历史上的消失找到了线索。

　　这种大盘在当时就是阿拉伯人的定制，满密的风格原本在阿拉伯地区极为流行。但细节处，它又时时展现出汉文化的意趣。这种融合自然巧妙，不着痕迹。

阿拉伯地区利用钴蓝料做装饰的历史悠久，只是受到技术限制，无法烧成瓷器。困扰着阿拉伯人的问题同样困扰着全世界的其他国家和民族，只中国除外。当时，中国瓷器早已闻名世界。

随着元朝贸易的不断扩张，阿拉伯人的商业触角已经深入中国内地，他们带着青花料以及喜爱的装饰风格，试图在景德镇定制自己的瓷器。

过程并不清楚，其间的细节也无只言片语记载，但目的终于达成。至今，收藏元青花最多的地方是土耳其和伊朗。

阿拉伯人带走了定制的青花瓷，而由其带来的技术与风格也留在了景德镇，融入了中国陶瓷的基因。在数百年后，它成长为统治世界陶瓷史数百年的巨兽，并影响至今。

以今天外贸上的术语，青花瓷简直就是来料加工。这个过程看似简单，前面的描述也显得轻而易举，但事实上，在当时有着难以逾越的技术障碍。最大的难度是同时要满足洁白的瓷胎、透明的釉以及烧造出美丽的蓝色。这三个挑战每一项单独完成都不容易，合在一起（因为是一次烧成，所以要同时解决所有的问题）使得烧造的难度成几何级数的增加。但景德镇的匠人们最终完成了这一几乎不可能完成的挑战，从而带来技术的飞升，进而一步步获得垄断地位，成为世界制瓷业当之无愧的霸主。

由此看来，元青花还是当时世界上最顶尖的科技产品，令人赞叹。

这是另一重美。

不过在当时，新技术仍然成本高昂，阿拉伯商人带来的青花料，后来被称为"苏麻离青"，一度甚至超过黄金的价格。

出人意料的是，这种全世界最为流行的颜色，却偏偏不受蒙古人的重视，元朝官方并不使用青花瓷，因而在此后的数百年间，人们都以为青花瓷诞生在明代。

即便如此，也没能阻挡青花瓷开疆拓土的决心，这种迷人的蓝色在此后数百年间征服了世界。

的确，它从诞生之日起就具备了广阔的国际视野（在当时甚至还没有"国际"一词）。它是跨越国境的文化与贸易交流的产物，在此后的数百年间，也能不断地适应不同国家、不同民族千奇百怪的需求和审美需要。

因而，与其说是青花瓷征服了世界，倒不如说它适应并满足了世界。

元龙泉褐彩玉壶春瓶

|

玉壶买春的典雅

这种经典造型的名称极富诗意，叫"玉壶春瓶"。说是瓶中最有诗意的，也不为过。

它自然让人想到"一片冰心在玉壶"的名句，但是否关联已不可考。最流行的说法提到宋人诗里说"玉壶先春"，到底出自哪里，却没人说得清楚，或许是另一个流传甚广却无害的谣言。

但唐代司空图的《诗品》中确确凿凿有"玉壶买春"的字句。"玉壶买春，赏雨茆屋；座中佳士，左右修竹"讲的是诗品中的"典雅"一格。后面三句好理解，佳士在茅草屋中赏雨，屋外满院修竹。雨、屋、竹——诗意的画面。第一句呢？"买春"今天意指招妓，完全不搭调。其实唐代春多指酒，今天仍有名酒"剑南春"。唐时饮茶之风远不及宋，名士饮酒赏雨最是典雅。要在今天，必是换成饮茶。

玉壶也未必是玉质酒壶，"玉枕凉初透"是瓷枕，玉壶很可能也是说瓷壶，却无从计较。

瓷也好，玉也好，到底什么形制，无从知晓。知道的只是这种瓶，叫玉壶春。

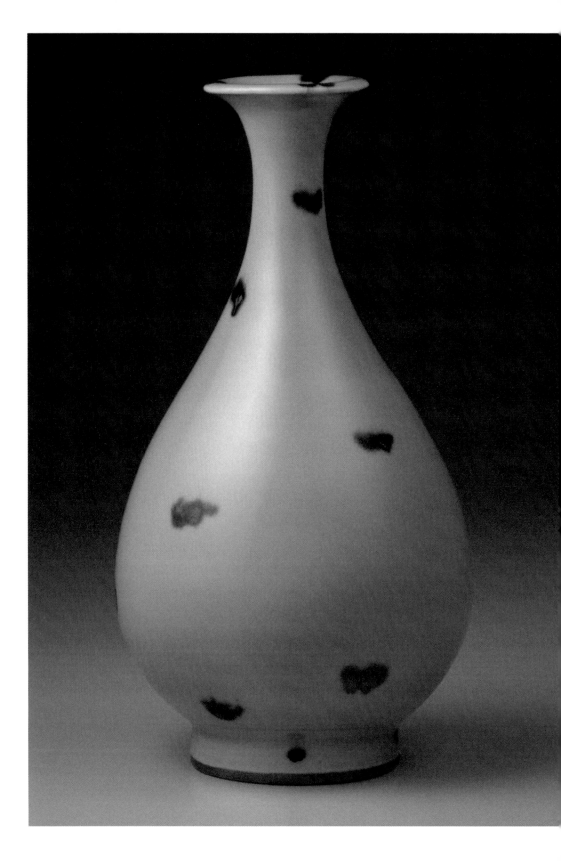

另有一种猜测听起来倒是合情合理，说"玉壶春"其实是种酒，大概装在这款酒瓶里，所以这种瓶其实是"装玉壶春酒的酒瓶"，简称为玉壶春瓶。

　　玉壶春瓶在宋代已然流行，各大窑口都有相似的器形，在邻国朝鲜也大受欢迎，代代相袭。但最早的形制在南朝时的洪州窑就已经出现。

　　数日前去南昌县博物馆看洪州窑瓷器展，赫然见到南朝和隋代的玉壶春瓶，吃了一惊。生活在南昌30年，从未去过县博物馆，此去却有意外收获。至少可以把玉壶春瓶的来历又往前推好几百年。

　　这样一看，唐人说玉壶买春，就真有可能是玉壶春瓶的玉壶。

　　宋以后玉壶春瓶越发流行，只是不再用来盛酒，单用来陈设，少不了插花。

　　何以大受欢迎？只能说是瓶形的美让历朝历代都无法抗拒。

　　它柔美里见挺拔，饱满中显清劲。

　　想想以它来做酒壶，也真是再合适不过。需要倒酒时，颈上一抓就稳在手里，瓷器表面再光滑也不怕，口沿外翻，出不了意外。腹部大，能装酒，倒酒时，左手底上一托。

　　腹部饱满，却不显得臃肿，因为顺着外沿往上，迅速收拢，像孩子们玩的水枪，一端粗壮，口小，后面的活塞往前急推，因为口收紧，就产生巨大的冲力，一道水柱直直冲出去。瓶口收紧产生的紧张却在口沿往外一翻，浪花般将憋住的力轻巧泄了。

　　瓶身越往下又越沉，同样是收，狠狠兜住，像装满水的袋子，鼓鼓胀胀。圈足稳稳支起，仿佛瓶身力量太大，足往外撇，如弓足负重的大

图 4.3-2　元龙泉褐彩玉壶春瓶（局部）

力士，坚定地扛住。

　　种种力的较量，却暗藏在典雅的外形之下，看上去却如此秀美，温柔，沉静，不动声色。颈部尤为优雅，如天鹅引颈，如美人裸露的颈项。

　　它出于实用的设计，却达到了纯粹的美的高度。

　　元代之后，青花、五彩、粉彩，种种新工艺、新装饰附身其上，越发精致、漂亮，越发热闹。

　　而宋代玉壶春瓶却多不假装饰，只是干干净净。而这件置身玉壶春瓶家族，显得特立独行。

要说装饰，只是全身有些黑褐色的斑块。单独看，既没有优美的形，也没有吸引人的色调，很难说出什么美。又不似窑变那样假以天成，变幻莫测。说起来，是人为地造成非人为的效果。

这很有些国画里"点染"的意味。看现在的画家作画，要画出"粗服乱头"，常常就用笔饱蘸水墨，洒在画上。

这样的装饰，真叫大胆。

难以想象，最初的褐点如何成为一种装饰的手法，它难道不是瓷器上常见的问题吗？一点不期而遇的黑色斑块。或者两点，也许更多。

是什么时候，它成为一种美？

是觉得纯色的瓷器过于单调，有几点不同的颜色也聊胜于无？

这种手法并非创生于元代。我见过最早的，是东晋时的一件盖盒，但一直以来，并不受重视。宋代的龙泉窑，也不见这般装饰。

到了元代，它却大大方方地变成了一种特别手段，有如一个新门派，一种新功夫。

从传世瓷器的数量看，它是受市场欢迎的品种。它流传到日本，也倍受珍爱。这件瓷器，现在就收藏在日本，传承有序。

此时的日本，已经没有了唐宋时期对中国近乎盲目的崇拜，对中国的瓷器也并非没有挑选的照单全收。只能说，对于这种美，日本人天然亲近。他们甚至取了一个专门的名称，叫"飞青瓷"。这件玉壶春瓶，定名"飞青瓷花生"，被奉为国宝。

不过，这样的装饰太过特别，元代之后，瓷器上就很少见到，倒是另有一种洒金的装饰，在铜器或是宣纸上随处可见，不知道是否受了飞青瓷的影响。至少，也可以算得上是异曲同工了吧。

这种手法的精髓在于，尽管完全出于刻意的安排，却希望达到妙趣天成的效果。匠人们点涂时，必不遵循固定的法则，如果一定要说有什么规则，那就是尽可能"显得随意"。

与窑变或冰裂不同（它们完全仰赖天工），点彩试图以人力达到天成的效果，这不得不说是一种更高的自觉和更大的野心（尽管这可能是无意识的）。

从这个意义上来看，这件玉壶春瓶上的斑点，就稍稍显得平均，无论位置的摆布，还是形状与大小，以至于在几乎就要达到真正的妙趣天成之际，又小小地暴露出人为的、刻意的痕迹。

元代另有一种执壶，简直就是把玉壶春瓶加上壶把和壶流，再把外翻的口沿裁去添上盖。有青花，有青釉，青釉同样出自龙泉窑，釉色如玉，却不叫玉壶。

第五章

明

—

巨人

元代奠定的技术基础，在明代宫廷的主导下更得到大幅提升。技术的飞升终于使瓷器登堂入室，取代金银器成为最重要的礼器与宫廷日用器。

同时，也迎来了新风格的大爆发。青花瓷被推向高峰，广受欢迎，彩瓷粉墨登场，攻城略地。宋瓷的简洁、纯粹与素雅仍有延续。

明代早期无论技术的进步还是风格的转向都由宫廷绝对主导，中后期民间趣味与文人意趣渐占上风。

瓷器仍是民间最广泛使用的产品。明代中期之后，更是开始影响全球。

明永乐青花龙纹扁瓶

气壮山河

多年以前，我在上海南昌路一家叫帕夏的土耳其餐厅二楼的墙面上，撞见一个扁瓶，样子与此极为相似，令我惊讶不已。服务员一口流利的英语怎么看也不像土耳其人，问他墙上挂着的瓷瓶从哪里来，他说来自土耳其。我相信这不是一种敷衍以彰显其地道，因为装饰的手法完全是土耳其式的。那时候，我还不知道这种巧合意味着什么。后来知晓，这种器形本来源于中东。

这解释了我第一次看到龙纹扁瓶时的异样感觉：如果不是强烈的龙纹，我很难相信它不折不扣是明代宫廷遗物。明代灭亡，崇祯帝自缢煤山，它却安然收藏于清代历代皇帝的手中，视若珍宝，毫不在意其所绘龙纹是明代皇帝的象征。

的确，尽管清代皇帝也以龙自居，样貌却大不相同。即使在明代，龙纹的变化也显而易见。每次改朝换代都要重写由盛而衰的宿命。从元气淋漓开始，到灯枯油尽而终。明代的龙纹，恰恰是最好的注脚。

论文治武功，永乐皇帝在明代难有敌手。此时龙纹飞扬跋扈，凶猛异常。元代的龙纹，威武中有一种优美，没有凶狠的表情，很难让人联

系到元帝国的勇武残忍；清代的龙纹，威武中有一种富贵，想想清三代的繁华富庶倒是毫不奇怪。永乐皇帝的确凶狠残暴，诛了方孝孺十族，剐了三千宫女。龙也跟着狠起来，历史上无出其右。大明永乐宣德之后，明朝再无开国的气象，龙的形象也跟着日薄西山，有时甚至显出滑稽的模样。

尽管今天龙纹成为最具中国特色的纹样，国人也自诩"龙的传人"，但历史上，龙从来只是皇权的象征。有趣的是，尽管皇帝总希望独占龙的形象，但似乎从来没有成为现实。单从明朝皇帝三令五申民间不得使用龙纹来看，就足以说明龙纹在民间的流行已是不争的事实。以至于到了清代，皇帝也睁一眼闭一眼甚至干脆不闻不问，以示默许。

左边的这件以青花绘制，龙身粗壮，表情凶猛，眼神中带着藐视一切的桀骜。种种细节交代得清楚，龙鳞、龙爪历历在目。细数不是五爪而是三爪，与常说的五爪金龙不符。这并不是错。各朝皇帝对此从没有统一的意见。

虽然着意刻画细节，却不能称之为精细。用笔粗壮，墨气淋漓，饱含水墨般的万千变化。

细看还容易发现"问题"，常常一笔之中深深浅浅。并非画工笔力不济，这是绘画所用的青花料自然产生的变化。这种被称为"苏麻离青"或"苏泥渤青"的青花料，远产于波斯，至今找不到确切产地。但这种青花料意外出现的效果，竟与中国画的水墨意趣不谋而合，自然受到后世文人的推崇。清代皇帝也不例外，着意模仿却无可避免地留下刻意模仿的生硬痕迹，以至于常常令人难以理解。

右边的龙纹虽然保持了几乎一模一样的形态，呈现的效果却如同青花的背面——一个剪影。凶狠的表情被抹去，龙身的矫健全然保留。非但如此，它还被包围着的海浪纹衬托，更显雄壮威武。

这无疑是中国美术史上对海浪最精彩的表达之一，它密集，汹涌，粗野，狂暴，无暇喘息。它忽略一切时间与空间，裹胁着巨龙不断翻滚，无始无终，连马远《水图》里的海浪都有不及。更不用说后世瓷器上的海浪：精描细绘，成为典雅而驯服的海浪纹，有如动物园里无精打采的狮虎。

我们想象画面的中心不是龙纹而是一叶扁舟，无疑更能感受那种裹胁一切的力量。而龙身在翻江倒海中却岿然不动，甚至还有几分悠闲。这当然构成画面最精妙的所在：海浪并不只是一种装饰，更是氛围，是修辞。

这让大瓶充盈着无穷的力与美，这种力量，又被器形所加强。

海浪占据这个扁球形的表面，但它仿佛是从球体内部鼓胀出来的。海浪被约束其中，却随时都会喷涌而出。它被球体约束，却从这束缚中显出惊人的力量，像是缰绳勒住狂奔野马的一刻，是"不尽势而势无不尽"。

器形本身也充满元气，即使没有翻滚的海浪、矫健的龙，它自身就展现出壮硕、勇武的力量，气势不凡。

器身是一个压扁的球形，浑圆、饱满、鼓胀。扁球的顶部一收，探出颈来，颈由下往上一拢，口沿处又微微一展，显出温柔的优雅。这不但没有减弱大瓶的气势，倒又是一种反衬。如同爱美人的英雄，柔情不减其英武，勇武更衬其多情，一个人就丰富了。

但这并非国人的创造，而是不折不扣的舶来品。

永乐时期禁绝民间海外贸易，朝贡成了官方的，也是唯一的"贸易"形式：万国携贡品来朝，带着丰厚的回赠满意离开。回赠之丰厚，吸引着更多的国家更频繁地前来朝贡。扁瓶大概由此流入宫廷，得到永乐皇帝的青睐，改头换面，做成了瓷器。

不过还有另一种可能。

1405年（永乐三年），皇帝派太监郑和率领庞大舰队第一次南下西洋，开启了宏伟的海洋征途。终永乐一朝，这样的航程进行了六次（第七次在宣德时期），最远抵达了南非。关于皇帝派遣远洋船队的动机有种种猜测，无关本文宏旨，但和朝贡一样，远洋也实现了某种贸易的功能。随船带回的物资，既可能包含"苏麻离青"——绘制这件扁瓶的青花料，或许也包含扁瓶本身。

如此看来，所绘的海水就不仅仅具备美的意义，背后所展现的宏大历史更是令人惊叹：一件瓷器，器形的灵感来自中东的铜器，绘制所需的青花料需由人类历史上最庞大的船队航行数千里带回宫廷。不要忘记，负责烧造瓷器的景德镇距京城也是千里之遥。

用张岱的话说，"非成祖开国之精神、开国之物力、开国之功令""不能成焉"。从这对扁瓶来看，倒是确凿的印证。

明永乐青花缠枝莲纹盘

|

缠绕世界的莲花

　　这件永乐官窑青花大盘，在任何博物馆都不会摆放在无足轻重的位置。我们理当投以虔敬的目光，以至于常常忘记它其实只是一个瓷盘，与我们家常所用，并没有特别的不同。

　　但这样一来，以今人的眼光看，就显得有些尴尬。

　　它的大小，并不适合家庭的餐桌；造型——普通得简直就不能说有造型；装饰也显单调：重复的曲线与花头，细微的差别难以分辨。它有什么资格占据博物馆显要的位置？

　　不要轻易下结论。

　　大小当然不是问题，我们并不确切知道它在皇帝餐桌上扮演的角色，甚至是否出现在餐桌，但它自有用处，哪怕仅仅用于观赏。

　　器形看上去是过于简单了，如果拿唐宋时的盘形做对比就更显简陋。那些做成葵口或菱口的盘，姿态万千，甚至常常让人忘记圆的存在。而它就圆得太平庸，似乎只是边沿往里一卷，草草了事。

　　不过看看今天日常使用的瓷盘，多数与此相差无几。可以说，这是最经典的样式。甚至，它本该如此。那些优美的变化的花口盘、菱口盘、

菊瓣盘，今天已难得一见。

何以如此，是平庸的胜利吗？

未必。

这无疑是最为实用的造型，干湿两宜，除了汤，大部分的食物都照单全收，甚至用于盛放物品也毫不违和。圆形本身更增加了耐用性，边沿不易因磕碰而损伤。

更不用说这看似简单的圆，"一切平面图形中最美的是圆形"，早在古希腊时期，就有如斯不容置疑的论断。

这简直就是实用性与绝对的美的完美统一。只是，它过于经典，让我们熟视无睹乃至以为平庸。

这种熟视无睹同样出现在人们面对装饰的反应上。

今天，即使一位对陶瓷史一无所知的普通观众，也很容易脱口而出它的名字：青花。洁白底色上漂亮的蓝色图案。

自 15 世纪以来，它频繁出现在从西方到东方乃至全世界的每一个角落，它被摆放在欧洲皇室宫廷最显要的位置，它出现在《成长的烦恼》的镜头里，镜头对准的是美国普通家庭的客厅；17 世纪阿拉伯人围坐一起用手从青花瓷盘中抓取食物，印第安人用青花瓷的残片装在箭头射杀猎物。它随沉船沉入海底无人窥见的角落，数百年后被打捞变成博物馆和私人的收藏。它现身于任何我们以为绝对不会出现的角落。

太过熟悉，以至于厌倦。

但在当时，它是人类科技与艺术最杰出的成就，具有划时代的意义。

它闪现出蓝宝石般的光彩，夺目而深邃；它能够经历千年而没有丝毫的减损；甚至除了将瓷盘砸碎，完全无法将其抹除。绘于其上的图画纹样展现出一个古老、神秘、富足的文明的一切。平静、优雅、令人神往。

这实在是一项不可思议的伟大成就。美，且不朽，是每一幅画、每一尊雕塑、每一件手工艺品梦寐以求却难以企及的：竹木易腐，金属易锈，而承载最杰出的书画作品的绢或纸，更加脆弱得经不起时间的磨砺。

以青花绘于其上的纹样：遵循简单的S形，不断重复，变形，叠加，它均匀、连续、无限延展，无穷无尽。这种装饰连绵缠绕，优雅迷人，无论在时间、空间，还是心理上，它都容易让人迷失，像宇宙本身。博尔赫斯把宇宙想象成图书馆，我觉得也可以是缠枝装饰。

它让注视者不由自主深陷其中，无法自拔。（拙作《纹饰之美》）

这种纹样不但受到皇帝的喜爱，民间也大为流行，甚至在此后的数百年间传遍世界，最终竟成为最代表中国的视觉符号。

曾任大英博物馆东方部主任的杰西卡·罗森，在她重要的著作《莲与龙——中国纹饰》的序言开篇以冷静的笔调写道："包括本书标题中的莲与龙在内的中国花卉和动物纹样是世界上影响最大的图案之一。"

这里所说的莲是"缠枝莲"，而非自然中的莲花。事实上，缠枝莲看上去与莲花也很少有什么共同之处。

对比一下自然界中的莲花，缠枝莲的出现，就显得很不寻常。莲花"中通外直"，缠枝莲却柔软弯曲；莲花"不蔓不枝"，缠枝莲却缠绕连绵；莲花"亭亭净植"，缠枝莲却是慵懒地展开。（拙作《纹饰之美》）

多年以前，我第一次看到这件瓷器时，感到无比的愉悦，却不明所以，看到展签上写着青花缠枝莲，也毫不怀疑，反而觉得自然界中的莲花本就如此。

这并非孤例。比如中国人熟悉的狮子。

没有遵循单一的模式以缠枝莲将大盘铺满，而是由内到外分了三层：盘面中心部分是第一层，满绘缠枝莲；第二层是盘壁，同样是缠枝莲，却是带状的一圈；最外层是海浪纹，看似简单却并非无足轻重。

像一层层往外扩散的水波，产生一种新的秩序。

虽然看似简单，大盘的制作却有极高的难度。最直观的挑战是大小。手工艺自然是越大越有难度，比如两米长的木桌比起一米的，需要更多的材料，花费更大的气力、更足的耐心，但工艺本身几乎一般无二。瓷器则不同，尽管大盘与小盘工序基本一致，但烧造的难度却不可同日而语。随着体量的增加，烧造的难度简直是几何级数的增长。比如一块直径 20 厘米的瓷盘，如果烧制的成功率是 60%，扩大到 40 厘米，成功率就可能要降低一半，再大，比如一米以上，几乎就是不可能完成的任务。

这还是把成功简单地定义为没有破损，质量的标准更无从谈起。比如这个大盘如果以今天的质量标准来看，可以断定为不合格产品，因为盘子的口面必然产生变形，细节的问题更多。

另一项显而易见的难度当然是白底上美丽的蓝色花纹。它需要恰当的材料、高超的工艺以及各种材料与工艺的配合，最后还要仰赖运气。

尽管取得了巨大成功，大盘上的青花纹样似乎仍显美中不足。初看花头模糊一片，颜色深浅不一。但恰恰是这种模糊使得永宣青花得以成为中国历史上最盛名卓著的青花瓷，这实在有些令人费解。

直接的原因并不复杂，这种晕散的效果，与中国的水墨不谋而合。像蓝色水墨在宣纸上晕散，又如书法高手力透纸背，深深渗入胎体。在文人眼中，这种"模糊"远比清晰更加高明。但这却非刻意的创造而完全出于偶然，它取决于青花料本身的特性。

优雅迷人的纹样、晕散如水墨的画意、洁白如玉的胎体、蓝宝石般的色彩以及坚不可摧的质地，使其成为人类历史上最杰出的造物。

它是复杂的，线条缠绵环绕，密层层地占据了所有的空间。它又是单纯的，只是一种画法，重复、延展，因势赋形。

它看似柔弱、华美，却又饱满充盈，具有覆盖一切的魄力。

它是皇帝的意志：稳定、秩序、庞大、优美、繁荣昌盛，又暗含着人们对美好生活的向往。

它是单调的：只有蓝与白，但蓝白间却有无穷的层次、深度，如同水墨。

它是东方的，也是世界的。

它曾是皇帝日常使用的器皿，如今成为博物馆珍重的供奉。

历史仿佛开了个玩笑：皇帝曾经以为他所使用的一切无足轻重，而本人会被后世供奉敬仰。但在博物馆的聚光灯下，我们被珍宝吸引，屏息凝气，毫不在意它曾被谁创造，为谁拥有。

明永乐青花压手杯

|

盛名之下

永乐青花压手杯素负盛名。

清初谷应泰《博物要览》中说："压手杯，坦口折腰，沙足滑底。中心画双狮滚球，球内篆'大明永乐年制'六字或四字，此为上品。鸳鸯心者次之，花心者又其次也，杯外青花深翠，式样精妙，传世可久，价亦甚高。"后世也多有论及。

从这段文字里，大约可以想见永乐压手杯成名的原因。一是"青花深翠"。作为青花瓷史上的名器，首要条件必是好的"青花""深翠"，这四字极传神。色重而翠，如蓝宝石般凝重而美艳。这种绝美的蓝色源于著名的"苏麻离青"，永乐宣德之后，几成绝响。杯身以青花绘缠枝莲（参看图5.2），端正典雅，层次分明。口沿点朵如梅花，他处不见。

二是"式样精妙"。压手杯器形温柔敦厚，胎极厚重，"压手"之名，由是而得。即使以现在的眼光来看，它都是一款出色的设计。杯身外沿是一道S形曲线，口沿外撇，刚好可以贴合嘴唇，单手握杯，又与虎口契合，非常舒适。曲线下展，没有急于转向，而是顺势下沉，这增加了杯子的深度，腹部也变得饱满，温柔敦厚。圈足微微向外张开，如力士

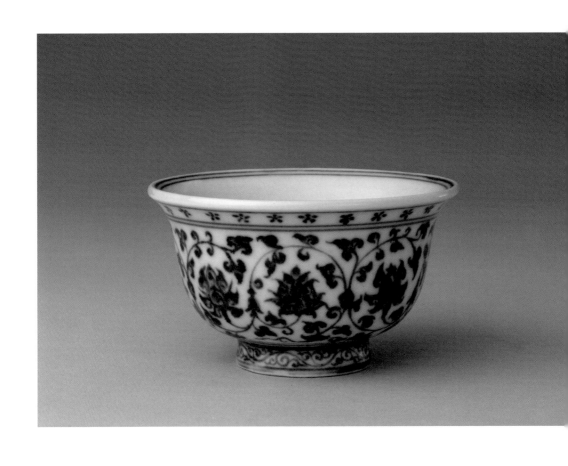

△ 图5.3 明永乐青花压手杯 | 故宫博物院 藏

般顶住杯身的重量。杯形拙中见巧，内含清秀。有如钟繇小楷，又或是汉隶中的《华山庙》，沉稳古拙又神采飞扬。

"球内篆'大明永乐年制'六字或四字"一句看似无关痛痒，其实大有文章。永乐宣德两朝作为青花瓷历史上的高峰，向来有永宣不分家的说法，原因是永乐时官窑多不书写年款，而永宣两朝风格极似。事实上，这开创了官窑书记年款的做法，让明清两代官窑瓷器清晰可辨。它在陶瓷史上的重要性，无论如何夸赞都不为过。反面的例子正是元青花，因为缺少年款，才在历史上消失了数百年。

明代饮茶方式大变，宋代斗茶流行的茶杯样式，到明代就几乎销声匿迹，新样式不断出现，花样百出，但不约而同走向了细腻精致。而宋代点茶首推建盏一类厚胎茶杯，因其易于保温。

从这一点上来看，压手杯倒是有所继承。

明永乐甜白釉刻花缠枝莲纹梅瓶

|

通感的诱惑

几乎要被历史遗忘了，这么美的颜色。

和其他颜色比起来，它的确没有令人惊异的表现，散发耀眼光芒。当我第一次在家中的电子画框（32 寸）中展示出这件台北故宫博物院藏的图片时，原以为儿子看到会和我与妻子一样惊讶、赞叹、欣喜，却没想到他完全视而不见。当我提醒他观看的时候，他只是淡淡地说："这有什么好看？"

也是，世界早已被无数的颜色充满。科技的发展，可以让人类创造无穷无尽的色彩、无穷无尽的产品，满足永无止境的欲望。我们的眼睛被各种"新奇"刺激的颜色吸引，如何会去注意如此"不起眼"的颜色——白甚至常常都不被当成一种颜色。它是画布，是背景音，是无色。

放在明代的陶瓷史上，它也是个异类。

如果说，宋瓷的素朴某种程度是受制于技术（对比一下宋代宫廷绘画就不难看出，如王希孟《千里江山图》仍是华美异常，色彩浓烈。我很怀疑，如果陶瓷上能够实现绘画中所用到的一切色彩，宋瓷还会是现

　　　图 5.4　明永乐甜白釉刻花缠枝莲纹梅瓶｜台北故宫博物院 藏　▷

在的模样吗），明代的这种白瓷则更是出于审美的自觉。毕竟，明代瓷器在色彩上的创新与使用早已远超宋代。彩瓷是明代最突出的成就，也是最受欢迎的品类，并因此征服世界。白瓷置身其间，更具一种繁华过后的淡雅与平静。

有如墨分五色，白也有无数的色彩。

我的一位当代艺术家好友有件作品叫《张玥的白色百科全书》，他搜集了数千种白颜色，一一将其按色谱的科学方法进行编号。

瓷器上的白色也有不少：像牙白、卵白、青白，或者干脆就叫白瓷。要区分白与白之间的细微差别并不容易。最简单的办法是与实物类比。比如牙白，是象牙的颜色；卵白，是去壳的鸡蛋颜色。这种类比的优点是显而易见的：能够区分颜色，还能瞬间让人联想到质地。甜白听起来也是如此，糖是白的。但甜白无疑更传神。

尽管难以解释，但你看到的那一刻，就不得不叹服"甜"字的精妙。

单单就白而言，它并没有出色的表现。与今天普通的白纸相比，它的白度也大为逊色，和今天超市里一件普通的白瓷比白，也毫无胜算。它是一种白中稍稍偏灰的色调。

尽管难以描述，任谁第一眼看到也不会感到强烈的刺激，却模模糊糊有些异样的感觉，难以捉摸，更难于言表。不过一经提醒——甜——便会恍然大悟！以至满口生津。

这当然不是单纯由色彩激发的反应，颜色本身也无法独立存在，它总是会与附身其上的质地所带来的感觉紧紧联系在一起。

是的，甜白釉是种温润的白，有种腻腻的质感，像某种入口即化的甜点。

这种器形现在被称为梅瓶，因为口小，恰好能插一枝梅花，又觉得这种小口与梅骨的瘦硬相衬，于是叫了梅瓶。不过这种诗意的说法可能和事实相去甚远。早期梅瓶既没有这么文雅的名称，也没有如此文雅的用途。梅瓶的历史可以追溯至唐朝，宋代已是一时经典，大为流行。宋代窑业发达，窑口遍及全国，各地名窑不约而同地烧制这种样式。倒不是什么审美风尚的流布，而是实用主义的胜利。因为梅瓶，原本是酒瓶。

此时的梅瓶，形体往往修长硕大（参看图 3.11–1），《水浒传》里"武松三碗不过岗"一节写他的豪饮，现代人看起来着实惊讶，但其实是宋代的酒远不如今天高度白酒浓烈，近于如今所说的米酒，所以能大块吃肉，大碗喝酒。大碗喝酒，酒瓶自然就小不了，而且需要有盖，宋代传世的梅瓶很多有盖，没有盖的，很可能是丢了。

到了明代，梅瓶已少用来盛酒，因而无需加盖，更不必体形硕大挺拔。比起宋代的梅瓶，此时梅瓶不但放矮，身形也显丰腴。肩部饱满圆润，腰身微收，款步轻摇，端庄里透着风情万种。颈部收得细巧，弯出美妙的弧线，却不放纵，戛然而止，处处透着含蓄的优雅。

优雅的身姿，诱人的肌肤，足以令人心醉神迷，但靠近细看，还有更令人赞叹的发现。瓶身刻满暗纹，上下分为三层，是经典的缠枝纹样，绵密而毫不拥挤，刻绘精湛有如丹青妙手的白描。这颇不寻常。雕刻工艺最大的优势在其能够表现丰富的层次，平面的山石树木，通过雕刻可以成为立体，有如实物。但这里，却仅仅用线：白色背景下白色的线。我以为，这种装饰的灵感，继承自唐代金银器的传统，无论是在美学上，还是在工艺上。它精细华美却毫不张扬。在素朴的外表下展现出惊人的细节之美，如美人看似不经意间微露的文身一角。

无疑，从这件看似貌不惊人的梅瓶上，我们看到诸多前代最惊人的美学的回响：元代卵白釉的纯粹与温润，宋瓷造型艺术的高贵素雅，唐代刻绘装饰的大气华美——集于一身却不露痕迹。

　　它的出现毫无征兆，它的消失也同样猝不及防。

明永乐翠青釉三系盖罐

|

暗藏杀机

难以想象。这样一件轻柔淡雅的瓷器，在陶瓷史上却暗藏杀机。

现代人也很容易叫出它的名字：青瓷。

青瓷的历史太久远了。最早的瓷器就是它。这件盖罐诞生的时代——明代永乐年间——距青瓷诞生已有一千多年了，但丝毫看不出老态。非但如此，如果将它摆放在今天一间瓷器店的展架上，任年轻人看，也会眼前一亮。不难想见，在诞生的那一刻，它会给皇帝带来怎样的惊喜。

此前的漫长历史中，青瓷名窑辈出，创造了无数经典。由汉至唐，青瓷迈开了走向成熟的第一步，步履蹒跚地奠定了瓷业南青北白的格局。但它仍是青涩少年，闻名如越窑，也没有与金银器比肩的实力。到了宋代，青瓷终于爆发——那是青瓷的时代：汝窑、官窑、哥窑、龙泉窑各领风骚。来到元代，景德镇窑异军突起，青花瓷风头一时无二。但青瓷势头不减，甚至数量上仍大大占优。但随着时间的推移，青花羽翼日丰终至势不可挡，明代之后，摧枯拉朽，所有窑口败下阵来，再无还手之力。

其实，青瓷在元代便败相已露，且不说历史上诸多青瓷名窑已所剩无几，即便龙泉窑仍保持着旺盛的势头，但瓷器的品质也已大不如前。

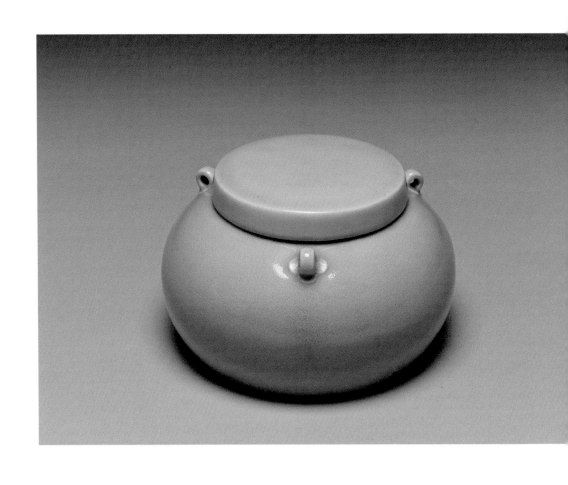

△ 图 5.5 明永乐翠青釉三系盖罐 | 台北故宫博物院 藏

不过龙泉窑彻底败落，致命一击却不是来自青花，而是如图5.5这样的青瓷，出人意料。

原因并不复杂。虽然青花瓷夺目，但任何一种美都不能满足所有口味。事实上，明代文人就有对青花瓷公开的恶评：俗甚。而从经济学的视角看，再小众的产品也有生存空间，这叫细分市场。青花瓷可以抢占青瓷地盘，却并不能彻底取而代之。毕竟，总有人喜欢青瓷甚于青花瓷。如果龙泉青瓷能够牢牢守住这个小众市场，就不必担心有灭顶之灾。但不幸的是，景德镇的青瓷出手了。

人们常常误以为青花瓷与青瓷毫不相关，事实并非如此。青花瓷工艺涵盖青瓷并远较青瓷复杂，当景德镇完成了青花瓷的技术挑战，再来烧制青瓷，简直易如反掌。更何况，宋代景德镇烧制的青白瓷，原本就是青瓷的近亲。

这件翠青釉盖罐便是景德镇正式烧制青瓷的成果。和过去的青瓷相比，它拥有更洁白、更细腻、更坚硬的胎质，釉色更为轻柔优雅，工艺更为精湛。即使与龙泉窑最鼎盛时相较也已胜出，更何况此时龙泉窑早已是江河日下。于是最后的阵地，尽数被景德镇青瓷攻占。

要是以为景德镇青瓷不过打败了迟暮的对手，就大大低估了它的实力。作品的成就并不取决于其风格，更不决定于其数量。明代初期最耀眼的产品包括红釉、甜白以及青花（《事物绀珠》评价永乐宣德两朝瓷器："以棕眼甜白为常，以苏麻离青为饰，以鲜红为宝。"）。与之相较，它丝毫不落下风，甚至足以与任何时代最杰出的作品一较高下。

这无疑是历史上最美的一件盖罐。盖的顶部刀切般平整，边沿一折，现出硬朗的直角。这样的转折让釉层无法停留，于是露出一道利落的白边，神清气爽。你就要以为这是一件风格硬朗的造型，但往下，线条带着优雅的弧度缓缓外展、下降，像一顶展开的降落伞，把猛坠的力道稳稳兜住，重忽然变成轻，悠悠落下。着地时，它往内一收，深深一沉，稳稳一扎，不动不摇。

这些惊险完全不动声色，藏在温润的釉层与淡雅的色调之下。就是扎稳的足，也被巧妙地隐藏起来（叫暗足），只有将瓷器翻转过来，才能够看见。到此为止，它也已经是陶瓷史上的经典。成化之后的盖罐，一直到雍正乾隆最鼎盛的时期，这种基本的造型一直在被延续、继承，小有改动。但它并未满足。

神来之笔是肩头的钮，像悬挂门环的座底。三个环钮，等距地分布在罐的肩部，构成稳定的等边三角，不是常见的四方。要是四个，就挤了。

这种圆环在瓷器的肩部出现，叫系。早期的系，多数是用来系绳的，但这里却仅仅是为了美。系与罐身的连接处，做成了如意形的一片，如朵花，纹理清晰。这种精致的小细节，让原本极为朴素的盖罐顿时显出细巧的风韵，却完全不影响整体的气质。有如素装的美人，原以为只是小家碧玉，擦肩而过时瞥见精致的耳环，识出那是古董珍玩，才知道出于名门，身世显赫。

最后回到青瓷的青。这种青取名翠青，淡绿的色调有一种清透的美感，它无疑继承了宋代景德镇影青瓷的神髓却又独出机杼。如果影青的青仍是若隐若现，若有若无，翠青则显出青绿之美；影青温婉，翠青则在温婉中透出几分冷峻；影青釉面清透，翠青的釉层在清透中饱含细密的气泡，涌泉连珠。

早期的罐，体量大，多没有盖，大概原始部落里人与人之间无需遮掩，更无需隐藏。加上盖，就有了隐私，有了秘密，等待发掘与探寻。

那秘而不宣的美。

明宣德宝石红釉僧帽壶

|

伟大的探险

这是陶瓷史上最伟大的探险。

尽管红色是陶瓷最早使用的颜色之一（参看图 1.3），但如瓷壶上这样的红色，却是整个古代陶瓷工艺最高难度的挑战。它在 1300℃ 左右的高温下产生。

宋代钧窑瓷中，它初见端倪，偶尔出现的红色斑块令人兴奋不已，却可遇不可求。古玩行里一直流传"钧瓷带红，价值连城"的说法，可见其珍贵。这偶然闪现的红色之光，在此后数百年间，同样难得一见。元代烧造工艺大进，高温下的红色有了质的飞越，出现了著名的釉里红：以红色进行彩绘（考古发现，釉里红在唐代长沙窑就已现身，却只昙花一现，当时既无人关注，对后世也未产生影响）。

从红色彩绘到纯红的瓷器似乎顺理成章，毕竟纯红不过是用红色将表面涂满。但其实难度更上层楼。因为高温下的红色对温度和氛围的要求极高，温度稍高稍低，气氛或过或不足，都足以使一切努力化为乌有。事实上，就是在一件瓷器上，瓶口与瓶底温度的细微差别都足以影响到最终的呈色效果。有时候，明明腹部烧出了纯正的红色，瓶口却颜色暗

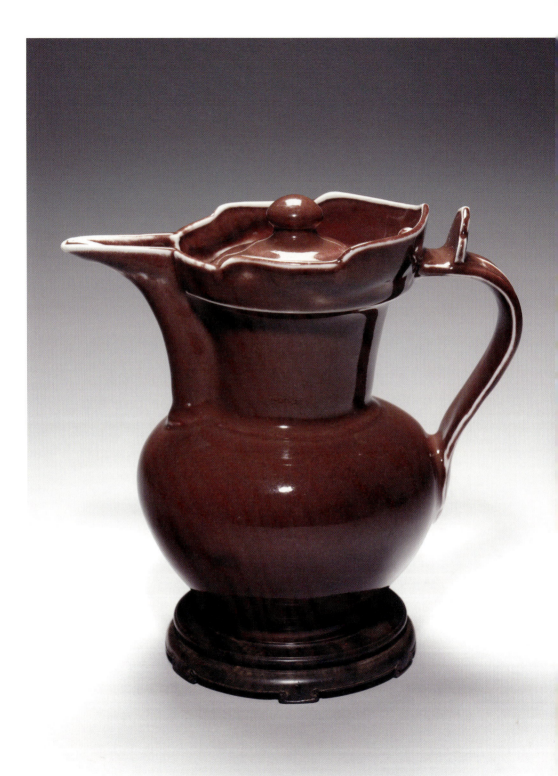

败，严重影响观感，甚至成为废品。

因而这种通体如红宝石般美色的瓷器，成为以后历代陶瓷工艺的试金石。而在明代，除了永乐宣德两朝能够烧造，其余几乎难觅踪影。

它的造型称得上奇特。不经提示常常会不明所以，好在名称直白，僧帽壶，一语道破天机。以现代人的眼光看，这都是一件精彩的设计。它的灵感来源于僧人的帽子。

它如同一座雕塑，如果不是刻意地保留了壶的基本要素（把和流），我们甚至很难和绝大多数现有的壶联系在一起。

但仔细拆解，似乎还在情理之中。壶的腹部与颈部单看并无意外，最像形（僧帽）的壶沿也算不上惊人的变化，远看不过是不规则的花口。最特别的其实是壶流的设计，它没有做成独立的式样，而是与壶身融合在一处，开口处与帽檐联系在一起，仿佛是把帽檐的一角折下。这样的设计无疑是兼顾实用与美观，并极为成功。诞生之后便成为经典，各种装饰手法花样翻新，有白瓷有青花，甚至后来在紫砂中被发扬光大，高矮胖瘦自成体系。

不过，复杂的器形无疑给烧制带来了极大的困扰：不对称的形体，不规则的曲面以及面与面的交接、过渡、转折，大大增加了烧制红釉的难度。因为釉在烧制时会往下流动，口沿处容易脱口露白，而颈与腹的交接则容易积釉，使得颜色加深。运气好，这会增加色彩的层次，使其丰富；但更多的时候却会导致灾难性的后果——如果积釉太重，很可能就变成了黑色，甚至成为废品。

但这只是最后的挑战，制作过程同样是艰苦的历程：一把壶的制作可能要耗费数月时间，仅烧制的过程有时长达数天。每一个步骤都险象环生，每一个失误都可能导致所有努力的失败。即使在整个过程中没有出现任何差错，也并不能保证最后能够达到可接受的效果。

于是这样一把堪称"完美"的瓷壶，不知道有多少失败的殉葬品。

但对皇帝而言，他只要令人满意的结果，并不会关心其中的艰辛。更何况，皇帝要求烧制红釉或许还有一个特别的理由，因为明朝皇帝是姓朱。

一切的努力也是值得的，它推动制瓷工艺得到极大的提升，产生的作品色彩凝重而鲜活，闪耀着红宝石般的光彩——从这个意义上说，这无疑是真正的炼金术。

明宣德填红釉三鱼纹高足碗

时间之间

　　无论作为日用器皿（使用）还是工艺品（欣赏），瓷器无可避免地走向精致。从彩陶上无拘无束、意义不明、纵横交织的直线、曲线，到宫廷珐琅彩的纤毫毕现、色彩绚丽、意必吉祥。这期间没有任何的犹豫彷徨。

　　于是，我第一次看到这件作品并得知它出自明代宣德官窑时，是无比惊异的。

　　在白净的瓷胎上，绘制着三条鱼，或者说鱼形的色块。几乎没有细节，鱼鳞、鱼嘴、点睛的眼，概付阙如。在数千年前最原始的陶上（参看图1.1），就已经出现了鱼的形象，虽然简单但仍不缺乏认真专注的细节甚至包括鱼身上的鳞片。即使是国画后来发展出大写意的画法，也需要在"似与不似之间"，连八大山人著名的冷眼观世的鱼——已经是绘画史简练到极致的作品——仍不缺少最基本的细节。

　　但这里，什么都没有。

　　首先要排除无意而为的可能。它出现在官窑瓷器上，制作精良，成本高昂——事实上，它是陶瓷史上烧造成本最高的一类。率性而为或天

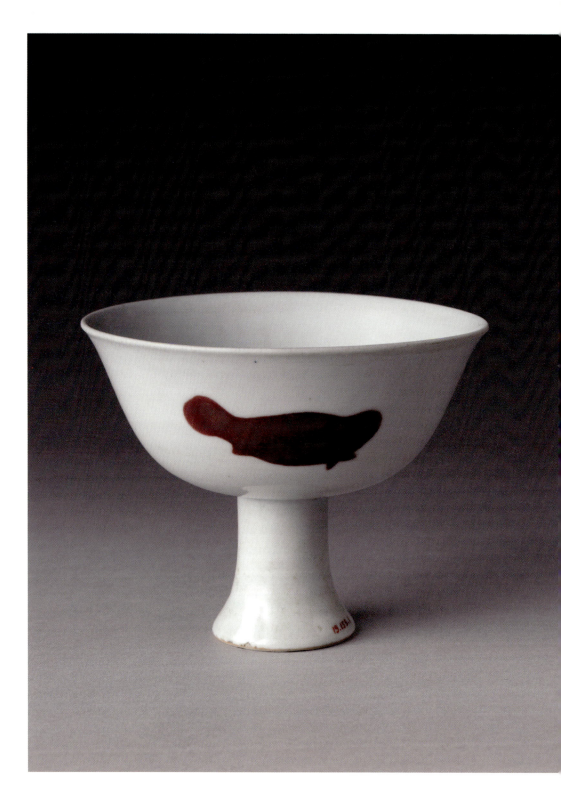

马行空的想象是不被允许的，宫廷自有森严的规矩。

另一个例子也是佐证，同样的工艺和装饰手法再一次重复。这一次，画的是三种果实：石榴、桃子和枇杷。它们象征着多子、多福、多寿，又被称为"三多"。

最后，在它诞生之后，成为一时经典，到清代同样受到皇帝的重视，亦步亦趋仿制，分毫不爽。

它必然是出于有意而为的设计，精彩的设计。

在宫廷的瓷器装饰中，它过于特立独行。三条鱼均匀分布在三个面，距离相等但姿态有异。这构成一个稳定的三角形。多数圆形的器物，如果有足，都会是三个，这大概是三条鱼而不是四条的重要原因。对于瓷器的观赏而言，每次只能看到一个面，是否构成三角形并不影响欣赏。起决定作用的是时间而非空间，没有时间的三角形。

除此之外，没有任何额外的装饰，空空如也，但我们自然会将空白处想象为水。这大概是中国艺术中留白发挥最淋漓尽致的一次，胜过所有绘画。

我们转动高足碗时，依次看到三个画面，像是电影定格。它隐隐触及了一些在当时无法想象的领域，但并不知道如何再进一步。甚至它挑动我们欣赏陶瓷更为本质却从未认真思考的部分：时间。

我不是说欣赏瓷器需要时间，有如我们在任何艺术品面前持久地伫立，静神细观，不愿离去。不是。我是说时间本身就是陶瓷欣赏的一部分。一幅画，一眼就可以穷尽，但一件瓷器不行。你需要转动，翻转。有时候，它像古画中的手卷，一边展开，一边收起，永远看不到全貌，只能以想象构筑全景图。

三条鱼，三幅定格画面，三个电影镜头。它们串起来有如动画。

◁　图 5.7　明宣德填红釉三鱼纹高足碗 | 美国大都会艺术博物馆 藏　　　　195

这会是出自什么样的"设计师"的设计？他是否意识到跨越了时间的界限？

尽管画面极简单，但实现这种效果的工艺却很复杂，难度极高。

这种红色属于高温红釉（参看图 5.6），它是人类陶瓷史上最高难度的挑战。事实上，在它成功烧造之后，很快就难以为继，此后整整断烧了两百多年。

它很容易被看成是釉里红（参看图 6.25-1），即在素坯上以铜红料绘出鱼形，再覆上透明釉一次烧成。但其实匠人们使用了全新的方法：先在素胚上覆盖一层透明釉，然后再把鱼形部分的釉刮去，紧接着填上红釉，最后进行烧制。这种工艺叫"填红"。历史上大多数时候，人们都被"欺骗"了，甚至今天故宫博物院的展签上，仍然写着釉里红。

不要小看这一工艺的改变，它让红色有了鲜明的厚度，触手可及，跃跃欲出。颜色本身也似乎有了深度，如红宝石，凝视时，仿佛目光能深入其中。

除了装饰的手法，器形也很特别，它的名称毫无想象力可言，叫高足碗，也有小号的，就叫高足杯，元代以后大为流行。

上部与常见的经典碗形无异，足部伸长，外展，坚实挺拔。人们猜测这种造型是方便蒙古人使用的习惯。有说是便于马上饮酒，于是又叫马上杯（碗），或靶杯（碗）。

至今没有定论。

明成化斗彩鸡缸杯

|

生"鸡"勃勃

太喧闹了。

2014 年，这件著名的瓷器小杯（它在历史上一直声名显赫）以 2.8 亿元的价格成交。这个价格轰动了世界（是的，只是价格）。全世界表现出恰如其分的热情。随之而来的是各种顺理成章的争议、猜测、吐槽，不无恶意，但毫无例外都与鸡缸杯无关而指向它的新主人。杯子成为这场大戏的道具，一场审判的罪证，一个符号。

想想也是，公鸡母鸡带着一群小鸡，能不喧闹？

多年以后，人们早已淡忘曾经的喧闹像一切轰动一时必然迅速沉寂的新闻，期待地走进博物馆，带着几分庄重，来到鸡缸杯的展台前屏息凝气，安静地注视，然后又回想起那个困扰多年的喧闹问题：为什么这个杯子这么贵？难道不是一次炒作，一次富人们的金钱游戏？这种喧闹的余音不会就此停止，必将继续回荡，成为鸡缸杯无法剥离的一部分。

但出乎意料，如此昂贵（已经不能用昂贵来形容），拍卖的那件鸡缸杯却并不是唯一的一件。在台北故宫博物院鸡缸杯的展台前，我就见到两件。它们面前永远人头攒动，一个导游占据了最有利的位置，另一

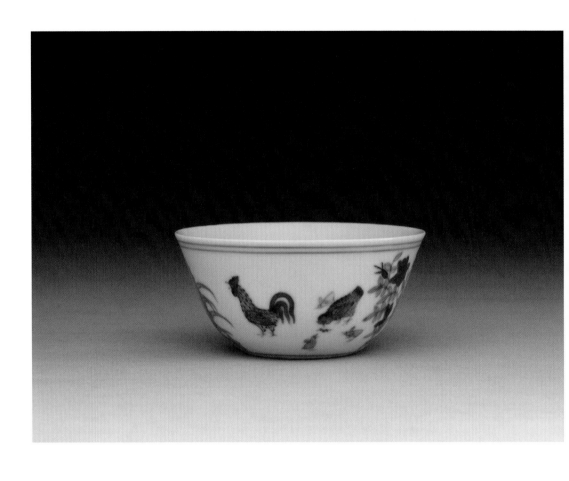

△ 图 5.8 明成化斗彩鸡缸杯 | 台北故宫博物院 藏

个只好在边上等着，嘴却并不等待，急切地将重复了无数次的台词倾倒给游客。然后等前一队人离开，游客们赶紧一拥而上迅速补拍几张照片。

甚至有一次我见到一位导游带领游客走到乾隆时期烧制的粉彩鸡缸杯前，指着它向人们解释这是著名的大明成化斗彩鸡缸杯。这件乾隆粉彩鸡缸杯从器形到画面，几乎与明代的那件没有什么共同之处，展签上也明明白白写着：大清乾隆粉彩鸡缸杯，却没有一个人发现。导游狡猾的机智让他躲开拥挤，指鹿为马——不会有人知道，也没人关心。

但所有导游在一个问题上惊人的一致，他们需要解释成化斗彩鸡缸杯为何如此昂贵。比较一致的解说词是：斗彩是很多种彩，争奇斗艳。而每一种彩都要单独烧一次，难度可想而知——像大多数流传甚广的谣言，听起来事实确凿，逻辑合理又抓人眼球。

单以工艺来解释是缺乏说服力的，毕竟同时代同类工艺的产品不在少数，甚至有的比鸡缸杯更为精彩；而有的，存世的数量又少于鸡缸杯。但它们都根本无法引起人们如此的关注，价格也远远不及。更为重要的是，价格难道不是价值的反应？我们喋喋不休、没完没了地谈论价格，但更应该关心的，难道不是它真正的价值、它的美吗？

所以，先让我们放下所有的疑问回到展台前。回到这枚瓷器小杯。

一位设计师朋友曾经问我："为什么我并不觉得鸡缸杯有多好看？可是……"

我理解他的可是，毕竟鸡缸杯出自官窑，声名显赫，又大受历代文人追捧，而拍卖更是真金白银地证明它是人类最了不起的造物。他们不会都错，可是……

我说："你的感觉是对的，不必怀疑自己的眼光。你的疑惑不无道理，那么多人都夸赞它，不可能都在欺骗。这看似矛盾，其实只是我们搞错了语境。"

看看这枚鸡缸杯的画面：公鸡母鸡带着小鸡觅食、嬉戏。虽然采用了先白描（勾线的部分是青花）再填色的画法，却并非是高度的写实，甚至非常稚拙，某些部分简单到似乎出自孩童之手。当然，像很多优秀的儿童画一样，生动有趣。这样一幅画面，今天颇多溢美之词，并举出历代文人的赞许佐证，不容置疑。单看那些描述，仿佛这是绘画史上的一幅杰作。

但这并不是事实，好比某位著名艺术家看到你7岁孩子的画作时，颇为赞许，但这并不意味着他肯定孩子已经是位成熟的艺术家。是的，历代文人品评鸡缸杯，从来就不是放在绘画史的角度来讨论的。看看同一时代的绘画杰作吧，同时代最著名的画家是沈周（也是整个明代最杰出的画家），他的《古木花冠图》或《雏鸡图》，一幅公鸡一幅小鸡，鸡缸杯放在面前，有天壤之别。

但把它放在陶瓷史上看，又会得出不一样的结论。

仔细观察画面：公鸡直楞楞地朝向一边，鸡冠骄傲的红色占据了整个头部，只露出眼睛的部分——一点蓝色。从国画的角度，这未免草率粗鄙，但瓷器上就这么做了。鸡身上用一些红色的短线条表示羽毛（又是红色），嘴和鸡爪完全就是儿童简笔画。母鸡画法相类，小鸡就更简单。画法虽然简单乃至简陋（这并不是国画中的写意），却有一种稚拙的生趣，像是看到孩子充满想象力的画笔，给我们意料之外的惊喜。这种稚拙的生趣，在古代中国实在太难得了。古代孩童在四书五经里成长，绘画或为安身立命的手艺，或为抒怀遣兴的雅好，都是成年人的世界。

所以当两百多年后雍正皇帝见到成化鸡缸杯时，一方面对其展现的天真与童趣大加赞赏，并要求御窑厂按照原样仿烧，另一方面又要求同一批匠人制作另外一些：保持原作基本的器形、主题、画面布局，但画的时候，要更为精细、写实，以期达到足够的绘画水平。

除了生动有趣，另有一项不易觉察的优点。在当时，它是一项新技术，却有意无意中创造出一种只属于陶瓷的绘画语言和风格。这种贡献，放在整个陶瓷史上，如何夸赞都是毫不为过的。那就是斗彩。

让我们深入到鸡缸杯制作的现场，一探斗彩瓷制作的究竟。

首先将瓷泥通过拉坯和利坯等工序做出杯子的形状，这时候，叫素坯。素坯完成后，在它的表面以青花料进行彩绘，但彩绘主要是用线勾勒，类似于国画中的白描。勾画完成后，施透明釉，入窑高温烧制。烧制完成后，在瓷器的表面，于勾线的轮廓内填彩。比如鸡冠的部分，填上红色，叶子的部分，填上绿色。填彩完成后，再低温烧制一次。一件斗彩鸡缸杯就完成了。

于是，斗的意思就渐渐浮现出来。方言中，斗有拼接的意思，比如古代制作家具，接榫头就叫斗榫头。而斗彩，就是把釉上的彩色与釉下的青花，拼在一起，还要严丝合缝。（拙作《捡来的瓷器史》）

斗彩工艺，让所有颜色约束在青花轮廓之内。它调和了不同色彩，即使是最强烈的对比，也经由蓝色的缓冲变得温和。鸡缸杯恰恰是斗彩工艺走向成熟时的重要作品。事实上，今天人们了解斗彩，多半正是因为"大明成化斗彩鸡缸杯"的盛名。

画面之外，成型工艺也让人赞叹，却极易被忽略。它太小了，大不赢掌，让人难以觉察工艺的高超。

杯形做得精巧——鸡缸杯的缸是指它的形状像低矮的水缸，这的确是个糟糕的名字，根本无法让人联想到精巧——口沿处轻轻往外一撇，底部柔柔一收，看不到足。这是一种巧妙的设计，把足做成内凹隐藏起来，叫"卧足"。胎壁极薄，即使是在自然光线下，仍能轻易透过杯壁看清握杯的手指。即使放在今天，都是足以令人称道的精湛工艺。

于是，这样一只并不起眼的瓷器小杯，却肩负着开拓全新的陶瓷装饰艺术与展现数百年来最高超工艺的重任。它做到了，并因此在此后的岁月中不断积累声名，以至于在万历时期就已经价值连城。它在历史上不断被提及、被仿效、被篡改，以至于将历朝历代的鸡缸杯摆在一起，就足以成为一部彩绘瓷的历史。

关于鸡缸杯的诞生，民间流传极广的说法是：成化皇帝专宠万贵妃，极尽所能要求御窑厂烧造精致小巧、色彩丰富的瓷器讨其欢心。鸡缸杯是其中之一，最为特别。因为画面的取材是子母鸡的图式。寓意很清楚，公鸡母鸡带着一群小鸡其乐融融。但现实的情况残忍而惊心动魄。万贵妃深受宠爱，但仅为皇帝生下一子且早夭，此后再无子嗣。她在内宫大权独揽，对其他怀孕的妃子、宫女痛下毒手，或胎死腹中，或连同自身性命不保。

这样看来，鸡缸杯今天的喧闹，是远不及当年了。

明嘉靖矾红地黄彩花卉纹四方盘

|

忧郁的微光

　　我在展览馆内一个不起眼的角落里瞥见它的时候，心中涌起一种难以言说的黯淡的忧郁。这个角落没有游客，即使偶有路过，也少有驻足，和鸡缸杯或汝窑前的热闹对比鲜明，却都是热闹的颜色。

　　暗红的底，两道醒目的黄边，中间方方正正地布满黄色花纹。花纹算不上精致，一些红色明显地溢出了黄色的轮廓线外，好像一个顽皮孩童不认真地填涂作业，还有使用时不可避免地留下的磨损痕迹。

　　难以想象这样的作品会出自官窑。

　　明代中期之后，官窑江河日下：皇帝既不重视技术的研发，个人欲望又毫无节制。官窑瓷器的烧造渐渐成为无休无止的强行摊派，愈演愈烈。窑工苦不堪言，疲于应付。

　　不必说还有新的突破，原有的技术也难以保持，作为瓷业技术试金石的高温红釉，几乎绝迹江湖。

　　红色瓷器却不能没有，只好采用变通办法。

　　这块四方盘用的是低温红彩，这种红彩历史悠久，至少在金代的磁州窑中已被大量运用。不过色彩粗糙，画面随意，引不起人们的兴趣。

204　　△　图 5.9-1　明嘉靖矾红地黄彩花卉纹四方盘 | 美国大都会艺术博物馆 藏

图 5.9-2　明嘉靖矾红地黄彩花卉纹四方盘（底部）

　　和高温红釉比起来，这种红色显得单调，颜色没有变化，缺乏层次，只是一层均匀的平涂，倒有几分像漆器。因为是低温二次烧造，远不及高温红釉坚硬耐磨，因而使用中也容易留下划痕。

　　无论是色彩还是质地，这种红色完全无法与高温红釉同日而语，但它却有一种别样的美，深深地吸引了我。

　　它有几分暗淡的沉静与落寞，一种颓废的美，但并不彻底的沉沦，是黄色给予了希望。

　　如果红彩是高温红釉的替代，黄色是不是对金的模仿呢？很难说，但的确，这种红地黄彩的装饰，会很容易让人联想到红地描金的手法（参看图 6.33）。

　　整个画面都是以黄色描绘。看上去是满布的纹样装饰，细看是传统花鸟画的题材：山石、灵芝、花卉，只是因为把画面填满而更趋装饰性。

绘画本身乏善可陈：花卉草草，山石不经提醒都难以分辨，只是简单地遵从程式化的画法。抛开绘画本身，工艺也显得马虎，红色不时溢出边线——这并不需要高超的技艺，仅仅考验工匠的耐心与细致。

有趣的是，皇帝对此竟视而不见，以至于这样的器皿堂而皇之地出入宫廷，被皇帝使用，又被清代的皇帝珍藏，并流传至今。

四方盘内壁如同画框的四边是单纯的红色，但外壁却是红底黄花的画面，与内底画面对比呼应。虽然内底满绘，外底却是空白，只在中间写上了皇帝的年款：大明嘉靖年制。蓝色青花写就。

可算是花了心思。

虽然是实用的器皿，挂在墙上简直就是一幅装裱完整的画。

尽管工艺显得粗糙，但似乎与整体的气质颇相适应。如果同样的风格放在清代的官窑制作，工艺水平必然大大提升，颜色必鲜艳，画面必精美，欣欣向荣。

或许那是另一种美，但此时吸引我的那种忧郁气质必定荡然无存。

以宫廷的细腻、精致、华美来看，无疑它是失败的。但失败，有时候会带来另一种成功，另一种美。

明嘉靖五彩鱼藻纹盖罐

|

光恰似水

出人意料，成化淡雅的清茶，毫无征兆地变成了嘉靖的浓浓烈酒。

陶瓷史风格的转向到了明代简直无迹可寻。也是，明代"奇葩"皇帝不胜枚举，官窑瓷器风格左摇又摆，倒也在情理之中。

成化彩瓷大兴，鸡缸杯是其中的代表。色彩虽多，风格却偏向淡雅，器形更是精致小巧，质地轻薄莹润。这种风格与明朝初年的雄浑大相径庭，倒也顺理成章。成化时期国泰君安，歌舞升平。

嘉靖皇帝登基，在位的46年里，既没有伤筋动骨的内忧外患，也无开疆拓土的熊熊野心。官窑瓷器的风格却忽然转向了雄强与粗粝。

成化时期著名的天字罐是历史上彩绘瓷的名品，小巧雅致，一看就是深闺的秘玩或案头的雅器。这件同样是盖罐，体量上简直成了巨人，招招摇摇，耀武扬威。

红色太强烈了，无法不引人瞩目。

首先闯入眼帘的是一条红色大鲤鱼，大得不成比例。画面中游鱼往来最小的不及一半。再看看配景的莲池，荷花荷叶都显袖珍。

但这也产生了非同寻常的视觉景观：仿佛大鱼要从罐上向观者一跃

而出。小鱼远游,近大远小。这种合理的解释不知道是出于设计的巧思,还是无意的巧合。反正没有其他佐证,真相难明。

画面的主题并不新鲜——传统的鱼藻纹。这是受历朝历代欢迎的题材。鱼向来是诱人的食材不说,寓意又好,因为"鱼"与"余"同音,而有余既能表示多,代表富裕(又和鱼同音),其实还暗含"留有余地"的训诫。前者有余是尽可能多一点,后者则要少一点,留有余地,是做人的境界。

浓艳的色彩采用的是今天称之为五彩的工艺。五彩并非只有五种颜色,也不一定能用到五种颜色。这件大罐上看似色彩众多,细数却有限。青花的蓝色单算,五彩不含(所以这种装饰被叫做青花五彩),主要的颜色是红、绿和黄。

青花的蓝色是在釉下产生,而五彩则在釉上。在工序上有严格的区分,色彩的质感也大不相同。很多时候,青花是青花,五彩是五彩。

色彩虽然少,却都丰满浓烈。红色尤为突出,黄色不多却很出挑,绿色稍弱,点缀其间。也难怪,绿色画的都是叶。

画面自上而下层次分明。

第一层是盖钮。钮虽小,装饰却分了三层。上层如彩带,红黄蓝绿俱备,往下一层如荷叶,钮于是又像个多彩的花苞。再往下的一层只用到直线分隔,中间饰以圆点。这样一来,小小的盖钮上点线面俱全,看得出设计的精心与巧妙。

盖又有两个面:盖顶的平面与外沿的立面。顶面简而立面繁,顶面只有抽象的线,立面是具象的鱼藻画面。

再往下是三层的罐身。罐身上下各有一层边饰,上层是五彩的莲瓣纹,下层则是单色的青花蕉叶纹。主体的部分是通景的鱼藻图。

盖罐的样式看上去平淡无奇。罐身饱满近于球形，盖子也显得厚重甚至有几分笨拙，盖钮倒是显露出一点精巧的意图：不但有一个尖顶，球形的下部还有一个梯形基座，简直就是一座伊斯兰教堂。

盖的顶部微微拱起，与器身的饱满相呼应，但又圆中有方。这种组合显出不凡的气度，浑圆、饱满、沉稳、端庄，气势不凡。

而绘画的风格无疑与之相契合，要是换上鸡缸杯的画面，就完全驾驭不住了。

画面中每条鱼都姿态不同，大小各异。不乏细节的刻画（对比一下图5.7，同样是红色），称得上生动。但仔细观察背景中的植物就会发现一个矛盾：鱼无疑游于水中，但如果将鱼移去，水草荷花构筑的无疑又是一个水面的世界。

这样看来，鱼似乎游于空中。它造成了一种奇妙的梦幻般的感觉，一个童话世界。

这不由得让我想起马尔克斯的一个短篇——《光恰似水》。

光就像水，拧开水龙头，它就出来了。

孩子们跳舞时用的军乐队的乐器也漂浮在光里。从妈妈的鱼缸里跑出来的五颜六色的鱼儿是屋里唯一活下来的生物，在广阔的光的沼泽中快乐地游来游去。

明万历青花花鸟图绣墩

|

不秀而敦

> 贾母与湘云、宝钗、林黛玉等众姐妹在大观园里品酒吟诗，林黛玉因不大吃酒，又不吃螃蟹，自令人拔了一个绣墩，倚栏杆坐着，拿着钓竿钓鱼。(《红楼梦》第三十八回"林潇湘魁夺菊花诗　薛蘅芜讽和螃蟹咏")

数年前参观上海设计周，在德国迈森瓷展位的入口，炫耀般精心安置了一个纯白瓷墩，迈森瓷著名的双刀交叉标志在瓷墩两侧"耀武扬威"。迈森是全世界历史最悠久的陶瓷品牌，延续了四百年，即使是以瓷为名的中国，也没有一个品牌可以与之相提并论。

有趣的是，这件瓷器的样式却不是迈森的创造，倒是地道的中国"特产"，从中可以看到这一造型跨越时间与地理的影响。

它叫绣墩，听起来有种女性的美；其实也叫团凳，或鼓凳，阳刚很多，却不如绣墩优雅，引人遐想。

唐代以前席地而坐，不需要凳或椅。绣墩可能是个例外，据沈从文

△ 图 5.11 明万历青花花鸟图绣墩｜故宫博物院 藏

先生说，"腰鼓形坐墩，是战国以来妇女为熏香取暖专用的坐具"。

唐以后，坐具便丰富起来。大体上，专门的坐具有两类，有靠背和没有靠背。绣墩没有靠背。

家具的材质以木为主，瓷器很难染指。原因不难想见，家具既大，造型的复杂瓷器也无法胜任。不过绣墩又是个例外。因为是圆形，可以理解成封了口的大瓶，没有不可逾越的技术障碍（比如四条腿的桌子，在古代，瓷器就几乎不可能完成）。

但要烧造绣墩也非轻而易举，成熟的瓷器绣墩，直到明代中期才出现。最重要的原因还是太大，瓷器一大就难烧，今天仍是这样。另一个原因或许只是此前的皇帝没有想到。

比起木质的绣墩，瓷绣墩也有它的好处。首先自然是瓷器不朽，也不会因为年久而有松脱的顾虑，甚至连易碎这一点也无须太顾虑，因为放在地上，而瓷质又厚，一般的磕碰，伤不到它。另一大优点是瓷器的装饰实在丰富，青花五彩任意装点。单单摆在那里，也是一件精彩的陈设。

图 5.11 这件绣墩诞生在明代万历年间，是个大家伙，威武雄壮。器身是个中间微微鼓起的圆柱体（所以叫鼓凳），上小下大，像是承受着巨大的压力，古代宫殿的柱基也往往是石鼓形，显得稳定、坚实。上下的鼓钉一个个怒目圆睁，如宫殿大门，坚定地占据着自己的位置，毫不含糊。鼓身两侧加了耳：狮头的样式，如门环，怒气冲冲，让人不敢轻易扣响。

装饰倒显秀气。主体以青花绘孔雀、花卉、山石，是文气的题材。画得草率，却有种稚拙的生动、活泼。上部装饰云肩纹，云肩中再画花卉，显得秀气。近足处绘海水江牙纹，笨笨拙拙。

青花的色调蓝中泛紫，是因为当时使用了一种特殊的青花料叫回青。宋应星《天工开物》里说"回青乃西域大青"。而万历时期的《明会典》吐鲁番条款中又有"嘉靖三十三年进贡回青三百一十八斤八两"的记载。说明回青料产自西域，但今天仍不清楚具体产地。青花诞生以来，历代风格变化，所用青花料不同是其中重要的一个原因：永宣苏麻离青的浓艳，成化平等青的淡雅，嘉万回青的幽菁，无不如此。

　　就工艺而言，这件绣墩无论器形还是绘画，比之明代永乐、宣德或成化，早已是江河日下，却意外地获得一种野性的力量。没有规矩，少有约束，质朴而粗野。它肆意混杂宫廷审美、文人意趣、民间喜好，左冲右突。

　　它凭着蛮勇无意间撞开一扇大门，在此后百余年间，任种种新造型、新风格，凭无数的奇思妙想纵横驰骋。

明仿官釉笔山

|

安稳如山

> 在我的食指与拇指之间
> 夹着这支粗短的笔。
> 我将用它挖掘。
> ——希尼《挖掘》

这是伟大的爱尔兰诗人希尼最负盛名的诗句之一。诗人从父亲、祖父在土地里的挖掘,写到自己用笔在文学的土地里"挖掘"。

中国诗人的笔不同。人们熟知的诗人白居易在《紫毫笔》开篇写"尖如锥兮利如刀",这是毛笔。笔毛是软的,笔锋却硬如锥如刀,因为要"君有动言直笔书",是提笔安天下的家国情怀与责任。

希尼的笔是个人的,白居易的笔是天下的。希尼用钢笔,白居易用毛笔。

但不管哪种笔,现在都越来越少用了。

毛笔不像钢笔,停笔时如果不搁在手上,就必须要有用具架起。架

　　　　　　　　　　△　图 5.12　明仿官釉笔山｜故宫博物院 藏

笔的用具叫笔架，有更诗意的名，叫笔山，也有叫笔搁，和笔架一样老实。宋代文人鲁应龙在《闲窗括异志》里说到"远峰列如笔架"，或许是笔山之名的灵感来源。这是个精彩的比喻，后面再说。

除了意境的相似，笔山的确有很多做成山形，不知道最初是因为样子像山被叫笔山，还是因为文人比喻为山，于是刻意做出山的样子。

这件笔山初看会以为是块顽石——瓷器是人造的石头——石上的纹理不会破坏反而加强了这一印象。赏石的原则是从天然的形态中看出人工的意趣，比如形状像某种动物，或纹理如同山水画，只要能自圆其说，引人共鸣，一块顽石便成为赏石，身价倍增。

于是这件笔山便成为双重模仿。首先，它要模仿天然的石头；其次，更为重要的，是要让它在看似天然造就的形态中再露出人为的痕迹。

非但如此，它还有更大的野心：在这一小块人造的石头上看到群山的巍峨，自然的辽远。

你看它身上的裂纹，如墨痕，如画笔的皴擦，表现出山体的肌理与质感。看似漫不经心，却如远山淡影。

它诞生于明代，却是模仿宋代的官窑。

宋代官窑至明代已断烧超过百年，不过明代瓷器烧造工艺大进，新工艺层出不穷，远非宋代可比。官窑只是青瓷中的一种，并没有不可逾越的技术障碍，仿烧成功看似出人意料，实在情理之中。官窑之外，仿汝仿哥仿龙泉，无不毕肖。

但作品本身的美学趣味却出人意料。明代瓷器，越来越趋于装饰的华美，青花始开先河，五彩相继。所谓由俭入奢易，由奢入俭难。

这件笔山看似浑然天成，简直是将一座天然的山峰缩小，收入囊中。实际上却大有巧思，需要高超的技艺与精妙的设计。

更为难得的是，它抛开了一切可利用的装饰手法，却取得了所有装饰根本无法企及的无比丰富的象征意义。

它浓缩了山形的自然之美。将之置于书桌，便如把山色纳入书房。而书房，恰恰是文人最坚固的精神世界的象征，在这个世界中，山川河流供其卧游。而现实世界，不过是精神世界的投影："远峰列如笔架。"这不由地让我想到博尔赫斯的《通天塔图书馆》，他在小说的开篇写道：宇宙（别人管它叫图书馆）。

暮色中，一个背影走进书房，铺上宣纸，搦起笔，沾墨，舔毫，刷刷点点，是首诗？是给友人的书信？还是给皇帝的诤言？它将给自己带来无法预知的命运？

写完最后一笔，轻轻往笔山一搁。

那一刻，小小的笔搁安稳如山。

明宜兴窑时大彬紫砂壶

|

文人意趣的胜利

晚明著名文人张岱写过这样一段话，反复被今人引用："器方脱手，而一罐一注价五六金，则是砂与锡与价，其轻重正相等焉，岂非怪事！然一砂罐，一锡注，直跻之商彝周鼎之列而毫无惭色，则是其品地也。"（《陶庵梦忆》）

这里的砂罐就是指图 5.13-1 这类紫砂壶，一把壶的重量足可以换同等的黄金，真是怪事！但也不奇怪，因为它的"艺术价值"之高，足以和商周青铜器比肩。

但如此高评价（与青铜器比肩），岂非怪事？

紫砂是陶器，在陶瓷中的地位特殊。

陶的历史超过万年，而瓷器要短得多，一千多年。但今天陶与瓷已合而为一。尽管瓷可以简单理解为陶的升级版。但其实陶是陶，瓷是瓷。

唐代之后，瓷器越发走向成熟，但陶仍有一席之地，著名的唐三彩，其实是上了釉的陶。到了宋代，瓷器再度进化，窑业空前繁盛，瓷窑遍及全国。陶器则越发边缘。

　　△　图 5.13-1　明宜兴窑时大彬紫砂壶 | 美国大都会艺术博物馆 藏

图 5.13-2　明宜兴窑时大彬紫砂壶（底部）

　　今天人们常引梅尧臣诗句"小石冷泉留早味，紫泥新品泛春华"，认为紫砂出现在宋代，却并没有实物证据。台北故宫博物院的廖宝秀女士考证"紫泥"指的是建盏一类的瓷器，倒是可信。

　　总之陶器江河日下，瓷器蒸蒸日上。却未曾想，明代以后，紫砂异军突起，忽然就来了一轮逆袭。声名之盛，地位之高，"直跻之商彝周鼎之列而毫无惭色"。

　　岂非怪事？

　　一个显而易见的原因是明代饮茶习惯的改变。唐时煎茶，宋时点茶，到了明代改成散茶，延续至今。散茶用壶泡，再倒入杯中品饮。张岱在《闵老子茶》中说："明窗净儿，荆溪壶、成宣窑瓷瓯十余种，皆精绝。"

△ 图 5.14 清康熙宜兴胎画珐琅四季花卉方壶 | 台北故宫博物院 藏

就是指这个喝法。

于是明代茶壶兴盛起来。最初自然是瓷壶，上自宫廷下至民间都无例外。后来紫砂做壶的妙处被发现，渐受欢迎。《长物志》里就说"茶壶以砂者为上，盖既不夺香，又无熟汤气"。张岱说的"荆溪壶"，就是紫砂壶的代称，因为紫砂壶出自宜兴，古称荆溪。

但这并不是上上下下的共识，至少宫廷里喝茶，紫砂还不是主流。

紫砂壶的缘起，据说是一位"金沙寺僧"（周高起《阳羡茗壶系》），名字久远不可考。但一位叫供春（又作龚春）的小书童，在寺里学了做法，制作的紫砂壶名震一时，于是被尊为紫砂制壶有名有姓的开山鼻祖。供春生活的年代，大约在正德嘉靖时期（目前已知确切可考的紫砂壶，出土于嘉靖十二年司礼太监吴经墓中）。自供春始，一朝一代，紫砂名手辈出，历历在案。

这把藏于美国大都会艺术博物馆的紫砂壶，便是出自明代紫砂名家时大彬。时大彬是万历至顺治间人，当时已是名满天下，有称"时壶"。"宜兴罐，以龚春为上，时大彬次之"（张岱《陶庵梦忆》），"往时龚春茶壶，近日时大彬所制，大为时人宝惜"（许次纾《茶疏》）。

壶形的灵感源于梅花。底部看最是清楚，如梅花层层绽开（图5.13-2）。壶身顺势而上，仍是五瓣，层叠交错。盖钮也不例外，团起如花苞。自上而下或自下而上共有六层，层层叠叠非但丝毫没有繁复之感，反倒简洁洗练，张弛有度。足见匠心巧思。

壶流壶把看似平常，细节却见精神：壶嘴一波三折，又圆劲如写篆籀，承转起合毫不含糊。

壶身表面稍显粗糙，却是紫砂特色，粗砂细做，保持紫砂自身质朴的美感。

与瓷器烧造不同，紫砂壶制作全然仰赖匠人个体。明代景德镇瓷器烧造，"过手七十二，方克成器"（《天工开物》），实指瓷器制作分工极细，一件瓷器的完成，要经过七十二双手，每个环节都由专业的匠人完成，拉坯有拉坯工匠，画坯有画坯师傅。一人独立完成作品绝无可能。这虽然大大提升了品质，加快了速度，扩大了规模，但个人的创造力与想象空间却不断被挤压，以至于瓷史上留名的匠人屈指可数。

紫砂壶要博得声名，工艺水平自不待言，更为重要的却还是创作能力的高下。传世的大彬壶，多是前无古人的。以今天的眼光看，他是不折不扣的陶艺家。

不过，由匠人而为艺术家也绝非易事，今日紫砂名手辈出，多数也只限于模仿前人。匠艺之外，需要文化滋养。

《阳羡茗壶系》里记载，时大彬"初自仿供春得手，喜作大壶。后游娄东，闻陈眉公与琅琊、太原诸公品茶施茶之论，乃作小壶"。眉公是陈继儒，学识既广，又富收藏，更是丹青妙手；琅琊、太原是名震一时的大画家王鉴和王时敏，画史上大名鼎鼎"四王"中的两位。

这把壶高不及十厘米，的确是小壶。梅花的取材更见文人趣味。而独运的匠心使其成为壶史上的经典。

事实上，紫砂无论题材、质地、形制无不体现出文人的审美意趣，因而也大受文人推崇。于是，"则是砂与锡与价，其轻重正相等焉"，也就毫不奇怪了。

延至清代，紫砂也受到宫廷的青睐，不过却被嫌过于朴素，于是在壶身上珐琅彩绘，画面精美（图 5.14），却未免画蛇添足。即使宫廷地位显赫，也未能主导紫砂壶此后的发展。

文人意趣彻底打败宫廷审美，这也许是唯一的一次。

明德化白瓷观音像

|

造像之美

白瓷在历史上流传既久，流布又广。各个时期白瓷之白大不相同。早期的邢窑、定窑，如冰类雪，却没有专门名称，宋代景德镇瓷叫青白，元代为卵白，明永乐称甜白，名字取得准确传神。

不过，这些白普通人很少知道，不像青花，满世界跑，今天的流行歌曲都唱，红遍大江南北。但另有一种白却极响亮，叫"中国白"（Bianc de China）。论名称，再难出其右。

名字一听就不是源自中国——在古代，我们不会自称中国人。的确，这种白瓷因在西方大受欢迎，得此美名。

美则美，但莫名其妙，不知道是怎么一种白。它的另一个名字没有那么响亮，却容易让人觉知它的样貌：象牙白，或牙白。

这种白瓷产自德化。

德化白瓷最初的光芒发硎于宋代，元代之后，未能逃脱其他窑口同样的命运，在与景德镇瓷器的竞争中，彻底落败。不可思议的是，明代中期，它却又异军突起，重获新生。

一来，16世纪西班牙人打通了全球航路，中国瓷器风靡欧洲。景

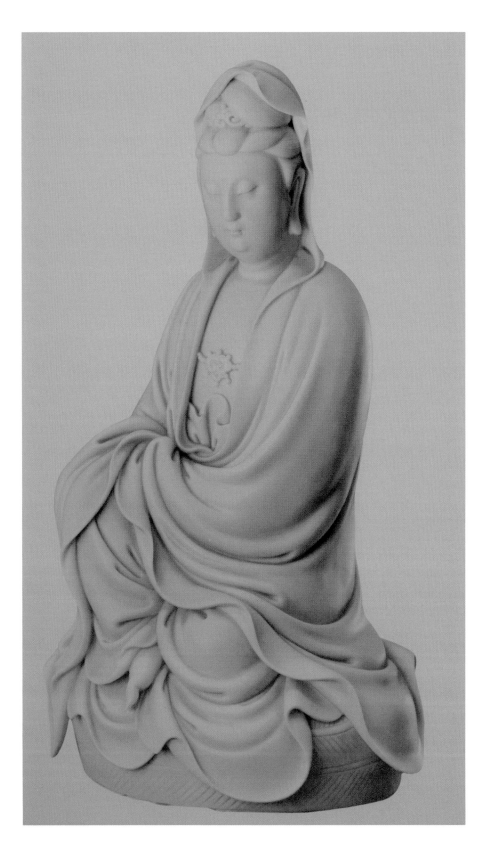

德镇瓷器出口，泉州本就是最重要的港口，本地制瓷业也借此重获生机（德化隶属泉州）。二来，德化白瓷另辟蹊径，在造像上大获成功，为景德镇瓷所不及。

这件观音像是当时的代表。

佛教造像中，观音菩萨最受欢迎：最初为男身，中土渐为女像。

这件观音瓷像面容秀美安详，眼微闭，鼻直而丰，双耳垂肩，口若樱桃。一足盘一足翘起，手搭其上，身形随之微侧。不似庙宇中威严，却给人以亲近，还有几分神秘。头饰发丝无不精细入微，衣纹飘动，吴带当风。

虽然是瓷器质地，却颇感温暖，又滑腻如凝脂，光色如绢。这自然仰赖于当地的瓷土资源。事实上，当地的优质瓷土与景德镇有所不同，烧造器皿或有不及，却极利于塑形，于是论造像一项，景德镇窑始终占不了上风。

颇为意外的是，这件瓷塑上赫然有作者姓名：何朝宗。瓷业越发达，分工越细，需多人通力合作才可完成，《天工开物》里说景德镇窑"过手七十二，方克成器"，是准确的描述。一件瓷器，要经七十二人手，今天常常误读为七十二道工序。但如观音像般的瓷塑，细分必不止七十二道工序，却只经一人手，匠人才得以留名。

景德镇瓷器风行世界、规模巨大，留下名字的匠人非但屈指可数，声名也远不及何朝宗。清代乾隆时《泉州府志》已有记载："何朝宗者，不知何许人，或云祖贯德化，寓郡城，善陶瓷像，为僧迦大士，天下传宝之。"见到这尊造像，自然不难理解何以"天下传宝之"。

但明末文震亨《长物志》里偏说"建窑佛像断不可用也"（这里不是指宋代建盏的建窑，而是指德化窑）。

也许是过于优美，却失了佛像的庄严吧。

第六章

清——盛极而衰

　　沿着明代开拓的道路，清代继续稳步前行，至乾隆时期，中国陶瓷不仅在陶瓷手工艺领域中探索了几乎一切的可能，甚至突破材料本身的约束！人类双手在陶瓷上的极限，被一一尝试探索。

　　前代的优秀美学传统多有传承保持，新技术、新风格令人眼花缭乱。不时也有惊人的创造，但盛极而衰。乾隆之后，随着国力的衰败，工艺难以保持鼎盛时的辉煌，偶有新风格让人眼前一亮也如回光返照。

清康熙青花云肩纹将军罐

威风八面

将军罐真不堕将军的威名。

不站定在它面前，就难以感受它全部的威武。如同一位大将军，顶盔贯甲，严阵以待。

将军罐在陶瓷史上真是小字辈，明代中后期才登场，一登场就技惊四座，大受欢迎。刚好此时中国瓷器风行欧洲，于是受到全世界欢迎。

有盖的罐子历史上并不少见，但多草草称做盖罐了事，不像将军罐，赋予了如此威武的名字。这首先得说盖子的形状好，像战将的头盔，往下短粗的颈紧接着宽厚的肩，微一收腹，脚一分，直直站定，稳如泰山。

论气势雄浑，陶瓷史上再难有匹敌。

虽说武将，却不一味好勇斗狠，如一介莽夫。威武雄壮中透露着细腻与温柔，甚至有几分文雅。

这得益于青花装饰。

仔细看，瓶盖与瓶身是同一种装饰手法。这种装饰极为特别，19世纪60年代被西方著名的建筑设计师欧文·琼斯注意到，专门将之画下，收录在那本著名的《中国纹样》中。书中，他称之为"拱形垂饰"，

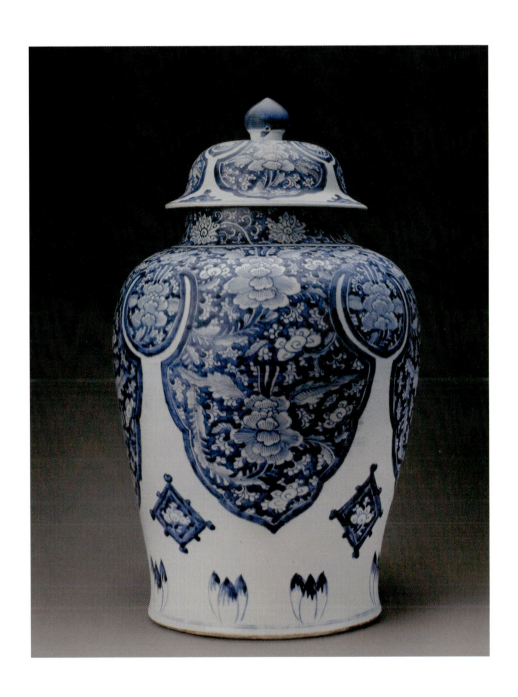

△ 图 6.1　清康熙青花云肩纹将军罐｜故宫博物院 藏　　　　231

并认为"颇具印度特色"。

但其实这来源于中国古代服装。它是一种披肩，叫云肩，金代开始在北方流行，元代成为官方标配。它的边缘很像如意云头纹，云肩的名称很可能就是由此而来。起初是男女通用，后来主要用于女性服装，愈显秀美。《元史·舆服志》里说"云肩，制如四垂云"。可见当时的标配是四组。但后来就不一定了。

这件将军罐上仍是标配。

云肩内的装饰很有趣，被称为蓝地白花，其实就是本来画青花的部分变成空白，而原本空白处都填上青花，如同剪纸，所以又叫反青花。多数时候，一件瓷器的装饰，要么青花要么反青花。这里云肩的部分仿佛独立出来，画成蓝地白花自成天地。想想也是，云肩本来就是独立的，爱披不披。

这种装饰有一层非同寻常的意义。陶瓷从其他艺术形式中吸收营养，博采众长，毫不新鲜。它向来善于模仿青铜器造型，或把金银器原样以瓷"复刻"。它质地如玉，甚至得了"假玉器"之名（不知是否该算美名）。借鉴服装纹样，它更是信手拈来。但云肩的特别之处在于，它本身不是一种纹样，而是服装的一部分，如衣袖，如裙。把一种服装的结构变化成为装饰纹样，需要怎样的想象力。这在历史上如果不是绝无仅有，也是极其罕见的。

它无疑成为一种引人瞩目的装饰，自元代以来就广受欢迎。在这件将军罐上，它再度出手，为大将军增添了妩媚与温柔，这非但不减少将军的魅力，倒更能使其形象丰满。

将军罐之名起始于何时，又是何人的神来之笔已无从考证，但果然传神，一直流传至今。不过这种瓶形传到西方，大概就不会用上这个特别的名称，欧洲古代多称骑士，没有如中国的将军。

倒是在 1715 年，疯狂迷恋中国瓷器的萨克森国王奥古斯都二世，用 600 名龙骑兵军与普鲁士皇帝交换了 151 件青花瓷瓶。这组瓷瓶于是被称为"龙骑兵瓶"，换走的龙骑兵军则被称为"瓷器兵团"，这个兵团一直沿用奥古斯都二世的纹章直到第二次世界大战，纹章最显著的标志：交叉的双剑。这个标志，如今是生产出第一件欧洲瓷器的迈森瓷厂的商标。而那批龙骑兵瓶中，恰恰就有将军罐这样的器形。

清康熙五彩道教人物图瓶

|

色彩的交响乐

是色彩的交响乐，恢宏、壮丽。

受制于技术，色彩在陶瓷上的运用发展缓慢。从陶器诞生经过近万年的历程，颜色也不过黑白红黄数种，更没有质感可言。汉代瓷器诞生，多了青色（淡淡的绿或黄），有了釉的质感，仍是寡淡。唐代三彩异军突起，浓浓烈烈，却难登大雅。经唐至宋，时风一变，趋于内敛，青瓷发展出幽微的变化，格调高雅，引人入胜。也有红有绿，无法相提并论。不但颜色稀少，想用于陶瓷绘画就更为困难，原始陶器上能用的颜色不过红与黑，到了宋代，仍然不过是这两种颜色。

直到元代出现青花——第一种色调鲜艳、质感鲜明、能够成熟掌控的颜色——陶瓷上的彩绘进入一个新阶段，只是颜色仍然单一。明代色彩渐丰，著名的斗彩五彩粉墨登场，真正算得上"彩"绘了。

五彩并非只是五种颜色，但所用的颜色仍然有限，红、绿是主角，黄色、蓝色、紫色等点缀其间。用色的方法也大受局限，红就是红，绿就是绿，毫不含糊，绝无变通。

难免显得笨拙，却自有拙的趣味，加上又是新鲜事物，色彩鲜艳丰

　　图 6.2-1　清康熙五彩道教人物图瓶 | 美国大都会艺术博物馆 藏　▷

富，引人注目。

到了康熙时期，彩绘瓷终于迎来了高潮。

看看这件凤尾尊吧。

是色彩的交响乐：红色是小提琴，蓝色是钢琴，绿色是人声，还有大提琴、长笛、小号，每种声音都有自己的色彩，每种色彩都奏出独特的乐音。

它们是热情的，却毫不粗鲁。它们气势磅礴，却处处精致讲究。看看最下面的山石与松枝，三种深浅不同的绿色，清晰肯定，层次分明。

有趣的是，这种效果的产生很大程度上仍然是因为技术的限制。此时，同一块面中，只能使用单一颜色。美人腮上的一抹绯红（大瓶上唯独不上色的就是脸和肌肤）、晚霞、阳光下的流水等种种色彩的微妙变化，无能为力。但恰恰是这种限制造就了它的风格，在艳丽之中，呈现出一种古拙的意趣（甚至此时的五彩就被称为"古彩"）。这也成为陶瓷史上最具独创性的彩绘风格，它借助国画的语言，却完全拥有自己的个性。

那么多色彩，那么多声音，每一种都如此独特，却又和谐地交织在一起。这有赖画面构成的旋律——多么精彩的人物故事画。

比起西方艺术，中国艺术对人的重视程度大大不如。从始至终，人物画都未被认可为文人画，因而在画史上的地位始终不及花鸟与山水。但就绘画技巧而言，人物最难。但这恰恰成为饱受文人诟病的原因——技术要求高，那是匠人。

这件大瓶却因众多人物备受关注。

在大都会博物馆的展签上写着"清康熙五彩道教人物图瓶"。仔细分辨，不难识别其中大部分人物，比如中间部分是道教著名的八仙。八

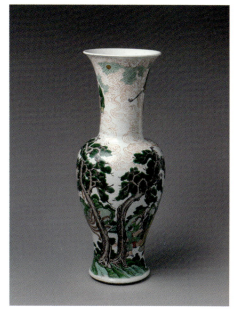

图 6.2-2　清康熙五彩道教人物图瓶

仙从形象到所使用的法器，无不鲜明。比如韩湘子吹笛，铁拐李——他的法器甚至成了他的名字——拄铁拐。甚而，有时仅画法器来代表，称为暗八仙。不过中间的这一组人物不止八位，其他人物就不那么容易确认身份，但总归是些神仙。图的上方倒是直接，福星举着福字，禄星衣服上写满了禄字——就怕人们认不出他们，左边的当然是寿星，也不忘在衣服上写寿字——只是有些不易辨识。

　　除了仙人，还有诸多神兽，比如龙、凤、仙鹤、鹿等。最不引人注目但同样重要的还有仙物，诸如寿桃、灵芝、松柏。

种种迹象都指向一个主题，便是神仙的美好世界，在这个世界中，终极的理想是长生不老。于是，此类题材都被称为群仙拱寿。

人物画得十分有趣。看起来神态各异，但仔细观察，面部的表情基本是几种固定模式。看看图中向左上方仰望的四五位神仙，既保持着几乎一模一样的姿态，神态也大同小异，最大的差别是胡子的形状、头发的长短或帽子的样式，当然还有服装的颜色款式。

这些图式，大多都来源于木刻版画，在当时，主要是小说、戏曲插图。但对瓷器的画师而言，却并不能简单移植。毕竟，虽然人物可以直接临摹，而构图从平面转移到立体就完全是另一回事了。

除此之外，还有一个难度在于所有平面的图式都可以看成一个更大世界的局部，像一张照片，截取的是现实世界的一部分。但瓷器，却是一个完整、自足而封闭的世界。你观看一件瓷瓶，360°环绕一周，看到终点，同时又回到起点。事实上，不再有真正意义上的起点，不像一幅长卷，起止分明。

同时，器形又不是一个单纯的平面（像棒槌瓶的下部那样，参看图6.6-1）。上下两部分既有联系，又可以单独欣赏，还是复杂的曲面。这无疑大大增加了画面的难度。

但在这件凤尾尊上，看到了成功的尝试。

我们会想当然认为，整个画面在描述一个故事（群仙祝寿的确也包含了一个故事），但画面本身却并不在意故事的存在。只是用了巧妙的手法把不同的人物，安排在同一时空，一些人物之间通过某种方式联系起来：比如宝瓶中升出的龙凤，与上面的福禄寿三星拉在了一起。但事实上，它们并不构成完整的故事。这在后来的瓷器装饰上也是屡见不鲜。

这说明瓷器匠人并不在意故事本身?

是，也不是。如果没有故事的底本，图像完全不可识别，销售就会变得非常困难。但匠人们对故事本身了解不多。人们喜欢《西厢记》，那就找到《西厢记》的稿本，再根据器形进行画面的调整，这里多一点那里少一点，创造性的发挥也是必需的。

特别是要驾驭这样的大瓶，就更不简单。放到今天来看，它已经成为一种现代意义上的艺术创作。

这种大瓶在明末清初很是流行，叫凤尾尊，可以算是觚的一种变体（关于觚，可以参看图6.9）。不过与常见的觚不同，凤尾尊常常是体形硕大。高度四五十厘米很是常见，六十厘米以上也不稀奇。觚在明代已经沦为花器，称为花觚，凤尾尊也不例外，这种大花瓶当然是要"堂厦宜大"，放在书房就局促了。

它保持了觚口部的舒展，下部却做了放大。除了气质发生了变化，更重要的是功能也得到了加强，毕竟觚的造型放在案台上显然不够平稳，插上花，更有倾倒的风险。凤尾尊就没有这样的担忧。

尽管明代插花往往要求瓶小而且瓶口也小，但这件大瓶却是气势恢宏，非常适合用来插荷花。明代陈老莲的《和平呈瑞图》中，就有类似的器形。

所以相比觚的柔美，凤尾尊是气壮山河，如伟男子，却不失优雅，气度不凡。

是的，这无疑是陶瓷史上最为恢宏的作品。

它以最简单的平涂展现最纯粹热烈的色彩；它以简洁优雅的线条塑

造坚实宏大的形体；它以精确的位置摆布众多人物，即使这些人物占据画面的每一个角落却不显拥挤混乱；它展现出的神话世界非但不使人向往脱离尘世的快乐，反倒更能让人心生对世俗生活的向往。

它所展现的一切，壮丽如山河。

清康熙青花夔凤纹双陆尊

一步之遥

    如同抽象画，很难一眼分辨瓶身所绘为何，即使仔细观看，也未必明了。

    不过，一点提示就会对观赏大有帮助。把目光投向青花纹饰最上端，凤首跃然而出，向观者回望——妩媚中带着几分忧愁，一点愤怒——柳眉倒竖，凤眼圆睁——是再恰当不过的注脚。

    但头部之外，形体就变得模糊。我们自然有理由推断那是凤身，但实在看不出端倪。

    其实这是一种特殊的凤纹，叫作夔凤。被认为是取自商周青铜器的纹样，跨越数千年，经过提炼、变形、转换，展现出别样风情。

    尽管材料、颜色与青铜器都毫无相似处，但最大的变化却是彻底放弃原作庄重甚至狞厉的美，转而变得温婉，写意而浪漫。统治者的权威并未因此减弱，它所诞生的康熙朝也恰恰是古代皇权最强的时期，只是不再需要以器物来表达。

    装饰（暂且称之为装饰）的手法也极特别，既不是多次重复构成连续的纹样铺满整个表面，像缠枝莲；也不形成对称结构，如常见的兽面

纹，一左一右；更没有采用分层手法如元青花，自上而下或由内而外分割层层区域，每种纹样在一个领域内各自为政。而最适合于独立的画面或纹样的手法是开光，圈出一块独立的空间，像从窗中看到的另一个世界——同样弃之不用。

就那么自然地展开如衣裙。又好像画家无意中落一点墨在纸上，于是因势附形，一笔接一笔画下去，行于当行，止于不得不止。其中的界限完全依赖于艺术家的感觉。

于是，这夔凤既没有规则的形状，又不像绘画中写实的凤凰，摆出百鸟之王的架势，成为一幅独立的花鸟画。

它甚至只有一个面！这太有违常理。一件瓷瓶，可以向任何方向展现自身魅力，如同圆形舞台上旋转的舞蹈家——没有一个演员不希望更多的观众、更多的欢呼。

它却故意留下整个背面的空白：这无疑出于设计者的意志，他的取舍，他的创作。我们或许可以将其视作一种留白，只不过，在绘画中，留白本身就是画面的组成，是被同时观看的空白，造就有的无。但在这里，留白具有了时间性，你先看到画面，转过去，才看到空白。这使它和所有已知的装饰都大不相同。

它再次提醒我们，这并不是一幅画，它占据了空间，甚至时间。

它附身其上的这个瓷瓶拥有自己独立的名称：双陆尊，但也有博物馆在展签上写作摇铃尊。

前者认为这种瓶形来源于古代的一种游戏：双陆棋。这种棋唐宋以来在民间很是流行，直至清代渐渐衰落。《金瓶梅》里就说西门庆"学得些好拳棒，又会赌博、双陆、象棋、抹牌、道字，无不通晓"。

而后者却看出与摇铃的器形相近。

◁ 图 6.3 清康熙青花夔凤纹双陆尊 | 故宫博物院 藏   243

算不上什么不可原谅的错误，名称往往来源于种种猜测、传言以及它们被接受的程度。

不过要说相近，清康熙青花团花锯齿纹摇铃尊的样式或许更无争议。但实际上，把摇铃与双陆棋子摆在一起，你也很容易发现两者的相似之处。甚至在相似的名单上还可以加上其他，比如宋代的纸槌瓶。想要准确找出器形演化的脉络是件不可能完成的任务，也没有必要。它不似梅瓶，有一份漫长而确切的家谱。

但这无疑是陶瓷史上最杰出的形体之一。

它看似普通，不过是由两个圆柱体构成，下面圆柱的直径大约是上面的两倍。但两个部分的衔接却让它产生了令人惊叹的飞跃。

下面圆柱的肩部修成柔顺的弧形。上面的柱体则微微外展，上下相接，如美人颈项。

但没有一味强调器形的柔美，肩与颈的连接看似圆转其实接近方折，显得挺拔。肩部也含着劲儿，让人感受到傲气的骨。于是阴柔里带着几分阳刚。事实上，这种微妙的气质变化在不断的重复中时有时无。匠人们并不理解其中的精妙所在，常常会表现得过于柔美，如改琦（清代画家）笔下无骨的美人。

口沿部分微微突起一道弦纹，如轻启的唇，叫唇边。这让原本笔直的颈部看上去有一种轻微的弧度，仿若这坚硬的瓷器也有了弹性。

弦纹如同一条肯定的边界，将瓶口与周围的空间确凿地区分开来——尽管，外在的空间恰恰是通过瓶口灌入其中。但底部恰好相反，看似不横生枝节，线条直直向下垂落案台，干净利落，如同从桌面长出。这甚至让人误以为底部是一个完整的平面，但其实做了暗足。在这种表面上看不到的地方做足文章，无疑出于刻意的设计：它并不出于实用的考虑，而仅仅只是因为美的需要。

于是，底部消失的界限与口沿刻意强调的边界形成呼应与对比：在外表的简洁下，处处展现出最精微的考量。

至此，我们看到最为特殊而优美的装饰（暂且称之为装饰），以及最杰出的器形，紧接着，它们结合到一起！

慢着，这是个极大的误会。

在这件青花瓷上，纹饰与器形根本就是一体的，不可分割。夔凤的纹样一旦提取出来，就几乎毫无用处，不像普通纹饰，换一个器形，很容易安之若素，比如缠枝莲，可以轻松布置在任何地方（这也是被称之为纹饰的原因，它不同于绘画）。而双陆尊，尽管可以更换其他纹样画面，但没有一种能够如此精彩，足以与之相提并论。对于一位熟悉陶瓷史的观众而言，提到双陆尊，就必定是这件。

很难相信，创作者是先完成画面的设计，再将之推衍至某种器形，或是设计出双陆尊的器形，再考虑其上的画面，它是一体的。

在这个意义上，我们才能将之看成一件独立、完整，也是完美的艺术作品，一个世界。

于是，透过这件青花瓷，一张面孔隐隐浮现出来。

他创作了这件作品却没有留下姓名。

几乎可以肯定他并没有直接参与制作，毕竟那是另一种技艺；也没有相似的作品可供比较。

只留下也许是唯一的作品，毫无愧色地置身人类最伟大的造物之列。

附记：

完成这篇文章后，忽然意识到我可能犯了一个致命的错误，那就是这件双陆尊，也许不是一个面。很不幸，若仔细查看原图，也可以发现真相。在肩部右侧露出的一勾——虽然容易忽略，但确凿无疑地透露出那是背面图案无可争议的一部分。

我仍不死心，或许恰好这件是两面。应该是在最初的什么时候看到过单面的，否则为何多年以来一直保有这样的印象，以至于我在写作的过程中丝毫没有怀疑。

我找到几件其他博物馆的图片，同样的细节一次次重复证实了我的错误。仍然没有放弃，我向更有实物经验的朋友请教，却得到了同样的答案。

这实在让人沮丧，倒不是这错误本身，而是对一件杰作的伤害。

我固执地认为，正是单面的绘画使这件作品具有无与伦比的价值。双面使之降格为工艺品，遵循其他作品同样的原则。对称、优美，可一旦重复，创造性就被图案化所减损。多么遗憾，只需要一点减法，偷一点懒，它就能在最高峰上再奋起一跃，达到未有的高度。

那就让我来完成这个任务吧。我将仿制它，但做一点减法，达成我心中的理想。

清康熙青花松鼠葡萄纹葫芦瓶

自然灵感与把玩

　　无需任何陶瓷专业知识，也几乎可以脱口而出：葫芦瓶。

　　名称的来源无需解释，含义之丰富却值得大书特书。葫芦与福禄音近，大吉；葫芦的样子又像中文的"吉"字，又吉；道教之中，葫芦是法器，《西游记》里就常现身，第三十三回"外道迷真性，元神助本心"里，金角大王就有个厉害的紫金葫芦，孙大圣也对付不了，最后还是靠骗术，用"装天"的葫芦爷爷换了过来——还是葫芦。如此法宝，吉上加吉。所以，葫芦瓶干脆又被叫做"大吉"瓶。

　　它看上去简直轻而易举，理所当然——器形来源于自然，不是天经地义吗？艺术不正是从模仿自然开始的吗？

　　但陶瓷并非如此。

　　陶瓷造型有自身创生、演化与突变的逻辑与历史。它并非起始于模仿自然而是出于实际的需要，为了满足某种功能，又因为功能的增加、减少而做出改变。比如罐子的产生是为了储水，就要内凹，为了让水不容易洒出，就会有意识将口缩小。直到今天，罐子的基本造型都大同小异，不同地域、不同文明在不同时间的创造都没有超乎想象的差别。

△ 图 6.4 清康熙青花松鼠葡萄纹葫芦瓶 | 故宫博物院 藏

造型一旦确定，就有了自己的遗传密码，勾画自己家族的生命轨迹。这恰恰和艺术的方向相反：艺术从模仿自然开始，器物源于改造自然。艺术从具象走向抽象，器物从抽象走向具象。

事实上，相较于陶瓷漫长的历史，葫芦瓶这种模仿自然的产物出现得极晚。

最初的模仿也并非出于仿制真实葫芦的目的，仅仅是因为在创新的过程中，匠人们有意无意地开始从自然中获取灵感，与艺术家们所做的一样。亦步亦趋的模仿并不可取，它需要满足功能、结构以及工艺的需要。口太小是不合适的，两球连接的部分也不能收得太狠，不规则的形状不容易实现，更没有必要——提炼出葫芦形体之美，加以夸张、变形，创造新的样式满足市场的需求才是根本。

这些原则不会导致唯一的结果，历史上也呈现出种种或失败或成功的尝试。这件康熙的葫芦瓶无疑是极为成功的一件。

它高不盈掌，乖巧可爱。连接的部分，如美人虚减宫厨的细腰，盈盈一握。腰身上下却都圆润饱满，丰乳肥臀。口倒是松，像俏皮的噘起的嘴。

用这样的小瓶插花未必不可，但更适合把玩。

以指掌摩挲，感受瓷器传来的凉意，很快变得温润如肌肤。但它仍然保持着坚硬的独立，给人愉悦却不曲意逢迎。它没有棱角，连转折处也保持柔顺，没有丝毫突兀。这让拥有者百般颠倒翻弄，或轻抚或细揉，它仍能保持某种坚定的品格，使之具有那种被称为君子的特征。

但把玩并不仅仅满足于触觉，仍然需要视觉的愉悦。只是它与绘画的欣赏大不相同。

这种欣赏时常从局部开始：你从服帖的锦盒中取出或从同好手中接

过，轻柔而肯定地握在手中，并没有确定的目标，哪个局部画面先入眼帘就从哪里开始，像是探险，却不急于一窥它的全部。一道笔触的徐疾，一片色彩的微妙变化，一个眼神，每个细节一点一点展开，又不时推远，得赏其全貌。

画面本身值得单独欣赏，如一幅水墨画，不过是黑色换成了蓝色。

绘画可喜可爱，一只松鼠在葡萄藤下偷吃葡萄。这是一种广受欢迎的题材，常会处理成纹样，叫松鼠葡萄纹，饱含着子孙满堂、家庭兴旺的祝愿。这种纹样虽然细节仍采用国画画法，画面却往往只是平铺直叙。对于绘画匠人而言，这是一种更为简单的方法，尽管多花费功夫，却几乎不需要太多考虑画面的布局，哪里多一笔，哪里少一笔，哪里的颜色要增一分或减一分。

画家经营位置，在葫芦瓶上要面对更大挑战。葫芦瓶本身非但不是平面，上下连接的还是两个球形。要让画面与器形完美配合，绝非易事。因而当看到葫芦瓶上的精彩画面（葡萄集中在上部，一根藤蔓自然下延，连通上下，蔓上垂叶，既与上部的满密相对比，又与偷吃的松鼠相呼应），很难想象是出自匠人之手。事实上，多数情况是宫廷画家设计画面绘出样稿，再交由景德镇的匠人原模原样代笔完成。

结果是令人满意的。

适合的大小，温润的质地，吉祥的寓意，雅致而有趣的画面，它满足皇帝多方面的需求：眼睛、手指以及心灵。这种欣赏超越了观看，文人称之为把玩。它代表着文人的某种生活态度：在齐家治国平天下的重任之下，退回书房，把玩恰是最好的精神享受。

清康熙素三彩三果纹盘

|

茄紫鹅黄皮瓜绿

颜色超过三种就不平静了，像唐三彩。五彩更不必说。素三彩却不同，沉静优雅，素字用得多好。鹅黄、茄紫、皮瓜绿，后两种色是真素（茄与瓜），鹅黄听起来也素，也有用"额黄"。

但素三彩其实跟唐三彩脱不了关系，早期陶瓷上能用的颜色不多，黑、白、青（淡淡的灰绿或黄），唐代色彩渐丰，黄色、绿色、褐色、蓝色，不止三彩。色彩既丰，便不再是温吞吞的含蓄，而转向浓艳艳的热烈，大放光彩。可惜还只是低温的釉陶，质地上远不如早已瓷化的黑、白、青瓷，难登大雅。普通日用之外，大多作为陪葬品，后世正眼也不看。

素三彩不同。说起来都是三彩，色相上也接近，但其实从颜色、质感到风格都大异其趣，工艺上更不可同日而语。

同样是黄绿的主色调，唐三彩泼泼洒洒，素三彩干干净净；唐三彩热烈，素三彩静穆。其中一个秘诀是素三彩里用了茄紫。黄绿和紫一配，感觉就大不相同。

不过素三彩外在的静谧却难掩内在的热烈。

△ 图6.5 清康熙素三彩三果纹盘 | 首都博物馆 藏

盘面画的是花果，生机勃勃。最容易识别的是石榴。石榴多子，叫榴开百子。幸福的人生，仅仅多子还不够。标准的配制还需要佛手、寿桃，成了多子、多福、多寿，叫三多，里面没有财，看得出古人的"价值观"。果实画得饱满，画面也饱满，却并不拥挤，像茂密的森林，虽遮天蔽日，却气清神畅。

画得真精彩。流畅有力的勾线，精道而不拘谨的染色填彩，树叶片片不同，俯仰生姿，宛如清风拂过，甚至还产生了某种在宣纸上作画的晕散效果，有如神助。

尽管谨慎遵循国画的手法，却大胆开拓出瓷器的特点。枝叶穿插全然是国画画法，整体的构图却强调装饰性，把所有的空间占满；勾线填彩是国画笔法，配色却为瓷器独有。于是，无论在何时看到这样的画面，你会立即意识到，它属于陶瓷。

够精彩了。但细看还不够。

这满满的画面之下居然还有暗纹。局部看难以分辨，容易误以为是表现花果的肌理。其实暗刻的是"龙纹"，难以想象皇权竟然如此低调。这是康熙朝，文治武功在历史上都名列前茅，是古代皇权最鼎盛的时期。

越自信就越包容，历来如此，甚至龙纹都不禁止民间使用。

制作这样的瓷盘，工艺有相当的难度。首先要在做好的素坯上雕刻龙纹，然后用青花料勾勒轮廓线，紧接着入窑高温烧制成瓷（没错，是青花料，却烧成黑色。这让很多研究者误以为是黑彩）。这样的瓷没有釉，叫素胎。素胎之上，再以彩釉填涂，比如叶里是填绿釉，三果中颜色各不同，空白处也不能空着，同样需要覆上透明釉。最后再低温烧制一次，大功告成。

我第一次在图录上看到这件瓷器时就被深深吸引，第一次在博物馆的展厅一角撞见时更是激动不已。但它素静安闲的表面在众多华美的瓷器里，很难引起人们的注意：论色彩之艳丽丰富不及粉彩，论单纯素净不如青花，甚至连没有画面的单色釉都更容易抢夺关注的目光。

但它细腻安静的表面下却充满热情。在粗枝大叶间尽现水墨韵味，在寻常的果实里蕴含生命的热望，在普通的器形中展现出高超的工艺，它甚至把极端权力的象征完全隐身在枝繁叶茂的花果背后，不露痕迹，如那些平静面容背后波澜壮阔的人生。

清康熙青花山水棒槌瓶

|

蓝色水墨

　　棒槌瓶的名称无论如何都算不上文雅，但瓷瓶本身倒是很符合文人趣味，至少画面如此。

　　这又是一个象形的名称，石榴尊、葫芦瓶、摇铃尊、纸槌瓶等，并不新鲜，只不过棒槌算不上雅物，甚至北方管外行或傻瓜叫棒槌，更不雅。

　　器形本身却端庄、典正，气势不凡。口部外扩成盘口，口沿方折，毫不含糊。颈部直直挺挺，中间突起一道细细的弦纹如竹节，避免了呆板。再往下是一个壮硕的圆柱体，微微鼓出一道弧线，圈足轻轻一拢，沉沉稳稳。肩部的连接保持着方折的力度，只是转折处微微修出弧线，刚中带柔。

　　这种器形多是大体量的陈设，最高的可达七八十厘米，普通的也有五十厘米。适合在大厅案台上陈列，威风八面，可观而不可把玩。

　　画面是古典山水画，远观如蓝色水墨，近看却颇有不同。中国画有两种最主要的形式：一是立轴挂在墙上供对赏，一种是手卷供展玩。瓷瓶上的画面，综合了两者，纵横捭阖。

　　正面（并没有真正意义的正面，全赖摆放时的角度或观者走近时的

图 6.6-2　清康熙青花山水棒槌瓶（局部）

方位）看，如立轴，却不能看到全部的画面，于是转动瓶身（或绕其一圈）观赏，又颇似观赏手卷，由一端缓缓展开，画面渐入眼帘，看过的部分随即卷起，一卷赏毕，刚好又卷回最初未展开的模样，如同看一场无声电影，又如顺江而下，赏尽两岸山色，船到终点，过往再不可得。但瓷瓶最特别处还在于无论你从何开始，转动一圈又必然回到开始处，无始无终。

　　这自然极大地拓展了中国画的观赏方式，但匠人们却难以充分利用。

　　事实上，这对于一位职业画家来说，都是全新的挑战（最长的故事是结尾回到了开头，无穷无尽），更不必说匠人。因此，匠人们采用变通的方法，将不同的画面拼凑起来，只要首尾相连，就算大功告成。

画法也有些似是而非。国画山水中的皴擦点染，皴和擦基本无从寻觅，点也不多，只有染比较分明。倒不是匠人们偷懒，实在是受技术的限制。

青花绘制时尽管也使用毛笔，青花料也很像墨（料水是灰色的），但画在坯上，却很难实现晕染的效果。苏麻离青曾经产生过近似的效果，因而备受推崇，在历史上却是昙花一现，空前绝后。幸运的是，匠人们发展出一项新的技术，可以近似地产生水墨效果，这项技术叫分水。分水技术在明代晚期渐渐成熟，通过不同浓淡的料水，在画面上呈现出层次分明的丰富效果。仔细看，它与水墨的技法并没有多少相似之处，但粗看却与之暗合，以至于文人们也称赞其为"青花五彩"，类似于水墨中的"墨分五色"。

于是，青花山水很容易让人以为是蓝色水墨，但细看却另有一番天地。想要再进一步，运用山水画中极为成熟也至关重要的种种技法，在当时已经远远超出了技术的可能。但这恰恰成就了青花独有的绘画语言，在任何时候，都不会与纸本的绘画相混同。

它呈现出某种与传统文人山水画貌合神离的独特趣味，这是它的独立品格，也是它最有魅力也最有价值的所在。

事实上，尽管画面的核心完全是文人画式的，但其实在匠人那里，不过是山水元素的组合，与纹样装饰并没有本质区别。于是，画中的人物故事，画面深远的意境以及精确考究的构图，几乎全然不在考虑之列。

很难称得上是艺术的创作。它是一件商品，用以满足广阔市场的需要。文人并不排斥，附庸风雅之徒趋之若鹜。它混杂着文人审美与民间趣味，饱含着无穷的生机与活力。

这种风格自明代晚期以来走向成熟并大受欢迎。到康熙朝，同样受到宫廷的青睐，并因为技术的提升更上层楼。不过，宫廷的声音开始加入，乐音渐强。

此后雍正乾隆两朝，宫廷风尚主导了一切。它华美、精致，无与伦比，甚至也不乏文人趣味，但不可挽回地淹没了其他的声音。多样性一旦消失，随之而来的便是自身的衰败。

于是，这种游走于民间趣味、文人趣味乃至宫廷趣味之间，杂糅着野趣、文雅与壮丽的多样的美，调和着不同时代、不同阶层的口味与偏好、充满无尽创造力的作品，竟成为最强悍的时代精神的最后挽歌。

清康熙五彩十二花神杯

|

茶杯里的四季

古玩行当里有条不成文的规矩,成对器物的价格一般是单件的四倍,简单说,如果一枚小杯价格一万元,要是两只成了对,就不是两万元,而是四万元。背后的道理不难想见,一来国人喜欢成双成对,二来收藏的难度更大。著名的元青花双象耳瓶,今天在大英博物馆并排展示,令人赞叹,但大维德爵士把它们收集在一起,前后花了30年的时间。

两件一对尚且如此,十二件一套又当如何?

事实上,整个陶瓷史上,这么多数量一套的瓷器,不能说绝无仅有,但的确极其罕见。中国工艺品中的套组本就不多见。比如高安出土的六件一套元青花梅瓶,单从形制上无法确定它是单独的六只,或是三对。事实上,考古人员几乎不会想到它们会是一套,最后是在盖中分别发现了六个字:礼乐射御书术,这才意外地确认它们成套组的身份。甚至在光绪皇帝大婚定制成套的餐具之前,历代皇帝使用的餐具也几乎没有成套的记载。倒是16世纪中国瓷器风靡欧洲,西方宫廷与贵族大量定制陶瓷餐具总是要求成套制作。

于是,完整的一套十二花神杯,每每成为拍卖会上热捧的对象。

△ 图 6.7-2 清康熙五彩十二花神杯 | 美国大都会艺术博物馆 藏

之所以十二件一组，名称里已经有所暴露。

所谓十二月花神，即每月有一花，每花对应一位女神，和众多的民间神祇一样，往往真有其人，比如六月荷花的花神是西施，十月芙蓉花的花神是貂蝉，水仙花花神是甄宓。更有趣的是，民间的花神还有男版，最为夸张的一位是石榴花花神，居然是钟馗！

这种混合着传说、风俗、节庆，在历史上不断添枝加叶的民间趣味，到了清代，也受到了宫廷的喜爱。只是宫廷并不满足，还要加上文人趣味。

每只杯子正面以文人花鸟画的形式绘制成图，背后配诗，或五言或七言，取自唐诗名句。书写时，并非一列一句，而是一句分写两列，五言诗一列四字，余一字单写。七言诗则是五二排列，显得参差错落，符合书法布局的要求。左下角有一个红色小方块，里面一个小小的赏字，不用问，代表着印章。

于是，每个小杯上都完整地包含了文人画的全部要素：诗、书、画、印。这显然出于清代皇室对汉族文人绘画传统的高度认同与喜爱，但在明代陶瓷中却前所未见。

不过形式上的完整并不是品质的保证。事实上，种种细节表现出诸多的瑕疵。

先是印章。印章大体分名章、闲章两类。名章是画家姓名（包含名、字或号），可以添枝加叶，郑板桥有一方印叫"徐青藤门下走狗郑燮"。郑燮是名，板桥是号。闲章则在名字之外几乎无所不包，一首词、一首诗、一句吉祥话，或言志或抒怀或自嘲，无所不能。清代大画家赵之谦刻过一方印"为五斗米折腰"，白石老人则刻过"吾画遍天下伪作居多"的闲章。

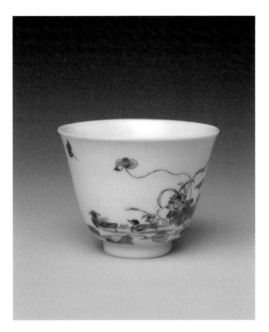

图 6.7-3　清康熙五彩十二花神杯（其一）

　　杯子上的"赏"字印，姑且当作闲章，可是闲章所在的位置，却属于名章。考虑到皇帝的"签名"——大清康熙年制——出现在杯子底部，且算作变通的做法。但"赏"字作为闲章也很是奇怪。赏是观赏，还是赏赐？无论是什么意思，简直是把名片上的头衔印在脑门上。而且，印章需是红色。

　　诗文句句有来历，工工整整小楷写就，难说得上好。但画的部分虽然难比纸本的绘画，却别有韵味。

　　此时陶瓷上色彩渐丰，却仍远不及绘画，技术上延续着明代五彩，风格上却放弃刚强而转向文雅。五彩色彩浓烈，单一的色彩难以变化，即使描摹花卉小景，也透露出古拙的意趣，为绘画所不见。这大大弥补了绘画本身的不足。十二幅花卉小景，文雅中透着古拙。

瓷器本身是最精彩的部分。

看上去，似乎只是普通白瓷小杯，但借助光，会有令人惊讶的发现。

景德镇中国陶瓷博物馆中，收藏有一套同时期的十二花神杯，造型画面分毫不差，只不过它单用一种颜色，青花（这显然更接近文人的趣味）。它陈列在一个半人高的独立展柜中，可以从各个角度近距离俯看。

每次我带朋友到博物馆参观，都会提醒他们注意一个细节，虽然没有强光的照射，从杯子的内壁往外，也很容易看到杯子外壁的花纹、诗句，借助光线，甚至可以透过瓷器看清所有的画面细节而不止是一个模糊的影子。这一点，图片上隐约也能看见。

它展现出一项工艺的极致：薄。

明代的文人记载过一种卵幕杯，还有一种脱胎瓷。所谓卵幕是蛋白表面的那层薄薄的膜，而脱胎，言指瓷器只有釉，胎体太薄以至于无。那几乎是完全透明的状态。

这显然是文学的夸张，但匠人的神迹令胎薄如纸倒是确确实实。

只有拿在手里才会知道有多薄，多么脆弱，生怕稍稍一用力，就把它捏破了，仿佛故意要为难使用者。这并没有刻意夸大的成分。

如此小巧、轻薄、精致的瓷杯，极易流于柔媚，事实上这种器形本身也显得纤弱，对比一下压手杯就很容易看出。它最难能可贵的地方，在于柔媚的表面下，保持了硬挺的风骨，比如口沿微微往外一折，锋利如刀，往下渐收，靠近底部一转，看似温柔却能感觉肌肤下坚硬的骨，真是婀娜含刚健。

这细微的精神极易被忽略，今天仿制者众多，恰恰都是婀娜有余，而毫无刚健可言。

难以想象是怎样的动机去烧造一件实用的瓷器却让人难以使用。或许单纯为了挑战技艺的极限，使之包含着一种纯技艺的、极致的美。它迫使你小心翼翼如呵护一个婴儿，感受它的美和脆弱。

设计并烧造这样一套杯子必然包含这样的用意：每个月可以用当令的杯子品茶或饮酒，有趣而风雅。

但可以想象，当我们将它从坚固而精美的包装盒中谨小慎微地取出，一件一件轻柔地排开，它便如同一场微型的展览，足以让我们在其间久久流连。

附：十二花神杯诗句

从正月到腊月，分别是水仙花、迎春花、桃花、牡丹花、石榴花、荷花、兰花、桂花、菊花、芙蓉花、月季花和梅花。

一月水仙：春风弄玉来清书，夜月凌波上大堤。

二月迎春花：金英翠萼带春寒，黄色花中有几般。

三月桃花：风花新社燕，时节旧春浓。

四月牡丹花：晓艳远分金掌露，暮香深惹玉堂风。

五月石榴花：露色珠帘映，香风粉壁遮。

六月荷花：根是泥中玉，心承露下珠。

七月兰花：广殿轻香发，高台远吹吟。

八月桂花：枝生无限月，花满自然秋。

266

九月菊花：千载白衣酒，一生青女香。

十月芙蓉花：清香和宿雨，佳色出晴烟。

十一月月季花：不随千种尽，独放一年红。

十二月梅花：素艳雪凝树，清香风满枝。

清康熙青花团花锯齿纹摇铃尊
|
如观美人

观瓶如观美人。瓶口是轻启的唇，往下是颈，再是肩，然后是腰，最下是足。

摇铃尊颈部细长舒展，优雅如天鹅，瓶颈微微一收，挺直而富弹性，肩颈处一圈弦纹如项链，颈项就愈发高贵、挺拔、柔美。想象手指从柔腻的颈部滑向肩，轻轻一转，顺势而下。肩部是有骨的，外柔而内挺。往下一收腰，足一扎，身段就亮了出来：娇媚中见着挺拔的风骨。如是美人，带着几分英气。

这种叫摇铃尊的小瓶，据说是从摇铃上得了灵感，的确很像。

它诞生在清代康熙时期，是清代官窑最早的杰作。

明代万历朝之后，御窑厂早已名存实亡。清朝入主中原，顺治皇帝似乎没有瓷器的雅兴，提过一些特殊的需要，下旨景德镇完成，却屡屡失败，不了了之。康熙皇帝继位，内忧外患，自然也顾不上瓷器这等小事。1680 年（康熙十九年）台湾收复，困扰康熙皇帝的最后一块心病去除，四海既定。这一年，沉寂了近一个世纪的御窑厂，又重新燃起窑火。这把火，点燃了中国陶瓷史最为辉煌的一页。

历史上康、雍、乾三朝总是并称为清三代，陶瓷上也是。不过，人们总是对雍正和乾隆父子俩的品味指指点点，很少说到康熙。似乎康熙只是一个引子，真正的辉煌属于他的儿孙。

这真是一个天大的误会。雍正朝瓷器给人的印象高冷简约，有文人的意趣和雅致；乾隆成了繁复的代名词——华丽、复杂、精巧。康熙皇帝似乎难以贴上标签。而事实上，他才是开宗立派的大宗师。他的绝学，分别被儿孙继承。雍正的格调无非是延续了康熙文雅的一面。而乾隆则进一步发挥华丽的一面，却又有些过度。

皇家瓷器自明代以来，就不仅仅是日常使用，还关乎祭祀，小看不得。康熙大加重视，专门指派督陶官亲赴景德镇管理整顿窑务。他不希望因循前朝，而要烧造出本朝的风貌。一位名叫刘源的大臣及时领会到皇帝的意图，在家中苦思冥想，终于完成了一百多幅设计稿。他既是文人，又精于绘画，设计的瓷器样式既有新意，又富文人气息。自然，也少不了皇家的气派。这样的设计与民间的创造自然不能同日而语，毫无意外得到了皇帝的赞赏。

刘源的设计稿早已不知所踪，哪一件官窑瓷器出自他的设计，已经没有清晰的证据，不过，前无古人的新样式有可能出自他的笔下，这似乎是个合理的推断。摇铃尊便是其中之一。

如果说摇铃尊的样式还能找到前代杰作的身影（如纸槌瓶、越窑八棱瓶），装饰的手法则是全新的设计。

在众多官窑瓷器中，它的装饰显得吝啬：靠近底部的一圈锯齿纹（三角形），有如裙边，肩部点缀团花（圆形），此外，就空空如也。这种纯粹以几何形为装饰的手法在元代以来的陶瓷装饰中，极为少见。大量的留白，需要设计者充分的想象力与巨大的勇气：毕竟不是小家碧玉，小鸟依人，皇家的气派，多，总是安全的。

装饰虽少，气势上却不弱，底纹如山，团花如日，瞬间便有了一览天下的豪壮。

青花色调也蓝得恰到好处。康熙时期，青花明艳动人，称为"翠毛蓝"，蓝如翠鸟羽毛，闪着光。这得益于当时对青花料处理技术的进步：毕竟珍如黄金的"苏麻离青"已绝迹百余年，就是嘉靖万历时期的"回青"也早已不知所终。此时用的是一种国产"珠明料"。单从材料上比，逊于"苏麻离青"及"回青"，但工艺的进步弥补了不足，甚至还大有赶超之势，成为与永宣青花比肩的历史高峰。

简单的装饰无疑丰富了整件瓷器的秀美，底部的纹饰有如裙边。

但名称却显出男性气质。宋代以前，尊是储酒器，用来盛酒。它体形大，不用于日常品饮，而用于祭祀，作为礼器地位尊贵。不过到了明代，文人把上古的青铜器都用来插花，成了花瓶，于是瓶和尊就混在一起。事实上，摇铃尊称为摇铃瓶似乎更准确：今天仍希望将瓶与尊加以区分，认为口小的可以叫瓶，比如梅瓶，而口大的更合适称尊，比如凤尾尊。但摇铃尊口小却仍是叫尊。

不管叫什么，它诞生之后便成为一时经典。除了青花，传世的还有用釉里红装饰，画面与青花一致。全世界很多博物馆都有收藏，拍卖会上也时常现身。不过各自的藏品也有不少差异，有的脖子稍粗，有的肩更秀美、更圆润，有高，有矮，有胖，有瘦，有的仅仅毫厘之差，气质上就很有些不同。

其间的细微差异与气质变化，需要细致的审视与玩味。

清康熙孔雀绿釉花觚

|

阴柔之美

如果要在古代陶瓷中选择一件最能展现阴柔之美的，我想一定是这件花觚了。

今天与之相类似的器形（它有一个不小的家族）都被叫做花觚，从名称上就知道是用来插花的，但瓷瓶都可以用来插花，为何不加花字？

这并非瓷器原创，而完全是模仿青铜器的造型。在青铜器中，这种形单单叫觚，没有花。自然不是用来插花，而是盛酒。但不是居家日常自斟自饮，而是祭祀时隆重的礼器。

从字形上看，觚的左边是角。器形看上去却是圆的，无棱无角。不过觚最初的确有角，所以才叫觚。有角的觚是祭祀中的重要角色，形制规范，含糊不得。但到了后来，或许是因为偷工减料，或许（我希望）是出于美的要求，角渐渐消失，以至于到了孔子的时代，老夫子发出了"觚不觚，觚哉觚哉"的感叹——觚不像觚了，觚啊觚啊。这当然是借题发挥，抨击礼崩乐坏，跟觚本身关系不大。

在我看来，不觚的觚要比觚的觚更美。后来在历史上，被发扬光大的也是不觚的觚，如图 6.9 这种。

　　　　图 6.9　清康熙孔雀绿釉花觚｜美国华特斯美术馆　藏　▷

觚的样子，像是一上一下两个喇叭，吹口的一端用接头连在一起，但高矮胖瘦差别巨大。这件身材高挑，腰身瘦得夸张，与口面、足面简直不成比例。足的直径足足是腰身接头处的三倍，但比起口部来，还显得含蓄。如此夸张的比例，非但不觉得比例失调，倒如长袖善舞的美人，收得住，打得开，身姿曼妙。

　　全身单单一色——幽深透明的蓝，清透、沉静、令人迷醉。环接的上沿与近底足处颜色趋深，隐隐透出的底纹又使颜色变淡，于是单一的釉色更有了层层变化。

　　这种釉被称为孔雀绿，也偶有叫孔雀蓝的。看上去明明是蓝色，为何称绿？历史上没有给过确切答案。马未都先生给过一个解释，他说因为古诗里讲"春来江水绿如蓝"，合理又有诗意。

　　与青花的蓝不同，孔雀绿是低温色釉，工艺与质感都大不相同。比如这件花觚，成形之后精雕细刻花纹，随即入窑高温烧成无釉的白瓷。接着上孔雀绿釉，再入窑低温烧成。

　　虽是蓝色，但釉层透明，雕刻的花纹得以清晰呈现。它完全模仿青铜器的纹样，亦步亦趋。中间鼓起的部分，浮雕了兽面纹，细致入微。这种纹样广泛出现在商周青铜器上，被认为是一种叫饕餮的怪兽。饕餮性好食，东坡居士写过一篇《老饕赋》说："盖聚物之夭美，以养吾之老饕。"但青铜器上不是刻画美食家，却是展现权力的威严肃穆。

　　于是这件花觚优雅的外表下透出的是古拙的意韵，仿佛是古老青铜器在千余年后的清亮回声。

　　觚虽然在当时是常见的礼器，但并不进入普通人的日常，器形本身也不太适合使用，于是渐渐退出了历史。多年以后，或重见天日，于收藏家之手流转保藏，或仍深埋地下安然沉睡。

但到了明代，时风大变，把玩的青铜器居然也纷纷拿来使用。其中最盛行的一项，便是插花。《瓶花谱》里说："铜器之可用插花者曰尊、曰罍，曰瓿、曰壶。古人原用贮酒，今取以插花，极似合宜。"这种合宜并不仅指样式。"古铜瓶钵，入土年久，受土气深，以之养花，花色鲜明如枝头，开速而谢迟。"功能也极合宜，自然大为流行。

袁宏道就在《瓶史》里记载："尝见江南人家所藏旧瓿，青翠入骨，砂斑垤起，可谓花之金屋。"看得出，瓿虽然用来插花，但当时仍是叫瓿。

有趣的是，如果今天某位藏家收藏"旧瓿"而用以插花，多半要被时人讥讽，冠以"没文化"的恶名，像是藏家刘益谦拍下成化斗彩鸡缸杯后以之喝茶。不过回看明代文人做派，恐怕难用粗俗以冠，毕竟，以铜器插花，本身已是文化的一部分。

事实上，单从行为本身，的确很难判断到底是雅是俗，琴棋书画是雅，故作琴棋书画的姿态是俗。风花雪月是雅，标榜风花雪月是俗。真正的雅与俗，在人的品格气度。

明代沈春泽在《长物志》的序言里说"夫标榜林壑，品题酒茗，收藏位置图史、杯铛之属，于世为闲事，于身为长物，而品人者，于此观韵焉，才与情焉"，就是从闲事长物里看人。他同时举了反面的例子："近来富贵家儿与一二庸奴、钝汉，沾沾以好事自命，每经赏鉴，出口便俗，入手便粗，纵极其摩挲护持之情状，其污辱弥甚，遂使真韵、真才、真情之士，相戒不谈风雅。"富家子与粗鄙家奴要装风雅，一开口一伸手便俗不可耐，于是真风雅人士就闭口不谈风雅了。

当再次回看这件花瓿，它在挺拔中表现阴柔之美，在优雅中展现刚强力量，在轻灵中呈现古拙意趣，从单纯颜色中浮现出丰富的层次。

美之外，更见古雅的文心。

清康熙冬青釉云纹水盂

|

案上风景

笔墨纸砚统称为文房四宝，算是古人案头标配。但文房远不止四宝。

写字需用墨，但古代没有直接可用的墨水，笔墨纸砚的墨是墨条。将清水滴在砚上，用墨条磨，叫磨墨——磨墨是个累人的活儿，"非人磨墨墨磨人"。所以案头还需要储水，水盂就派上用场了。

水盂没有固定的造型，这是其中著名的一种。形状有点像马蹄，叫马蹄式水盂，杯子也流行马蹄式，但很难说是从马蹄上得到灵感，更有可能是在梯形的形制上进行变化，最后借用马蹄之名。

这种下大上小的形状天然具有稳定感。同时，用于盛水又不容易溢出。这当然有功能性的考虑，对比一下马蹄式杯或马蹄式碗，虽然变化种种，但都是上大而下小，口沿外展，否则的话，用来盛饭或喝茶，就非常不方便。

虽然储水方便，但倒水就不易。其实水盂里的水不能直接倒在砚台上，需要配把小匙，多为铜制，一匙一匙舀上砚台。水盂这么小，铜匙更袖珍，一匙舀不了几滴水，自然不能写大字。

越是小巧，对形的要求就越高。一则小件要有大气象，二则细处更

图 6.10 清康熙冬青釉云纹水盂 | 美国大都会艺术博物馆 藏 ▷

见匠心巧思。口沿处一道弦纹细边，完全没有实用功能，纯粹出于装饰的需要。有如美人的眼线，有如静谧中叮的一声清脆铃音，干净利落。这和足部形成对比，底足不外露，置于案头，似乎与桌面融为一体。

表面以浅浮雕刻流云纹，似断又连，变幻无方。在釉层的覆盖下，远看似有若无。

宫廷瓷器里，云纹常与蝙蝠纹相配，比如常见的一种青花云纹与矾红蝙蝠搭配的纹样：红色的蝙蝠取谐音"鸿福"，云则指代天空。连起来是"鸿福齐天"，寓意吉祥，却是大俗套，难入文人清赏——虽然是皇家御用，仍需合乎文人趣味。

这里的云纹纯纯粹粹，单单营造出一种意境，晴空、流云，变幻之美。

云纹使用浅浮雕手法，薄而层次分明，展现出雕工的精湛。但釉层却厚，含糊了原本精细的雕刻。我试过深刻以使其清晰，清晰是清晰了，却少了含蓄，不再若有若无——该清楚时清楚，该含糊时仍要含糊。

稍带含糊的是青釉，有说豆青，有说冬青，都不错。

此时烧制青釉早已炉火纯青无所不能，浓一点、淡一点、深一点、浅一点、绿一点、蓝一点，信手拈来。为每一种细微的色彩变化命名，既无必要也无可能。

有清一代青瓷变化无穷，名字却只是粉青、豆青、冬青、天青数种，概因此。

清康熙绿釉暗刻螭龙纹双耳托盏

|

茶杯的进化

书圣的《兰亭集序》字写得太好，掩了文章的好。小时候学写字，每每临写，开头总是记得最熟，"永和九年，岁在癸丑，暮春之初，会于会稽山阴之兰亭，修禊事也"。再往后就断断续续，"群贤毕至，少长咸集""流觞曲水""一觞一咏，畅叙幽情"。再往后，记忆就更淡，以至于完全没有印象。

除了"永和九年"，印象最深的是"流觞曲水""一觞一咏"。一来因为重复，二来别处引用也最多。

不过早年读书不求甚解（甚至一直只当作名帖，却不当作名篇来读），不知道觞是何物，看解释，才知道是酒杯。

这种酒杯很特别，今天完全见不到。最特别处，是杯子有耳。

现在的杯子，喝茶也好，喝酒也罢，都没有耳，大概觉得耳多余。大杯有把，叫把杯或把缸。往往还有盖，盖上有钮。西方也有把杯，一般都没有盖，英国人喝下午茶，美国人喝啤酒，大小不一。

中国这种带盖的把杯多是用来喝绿茶，大号的不知道何时起还被叫做老板杯。反正除了做生意的老板叫老板，政府官员也叫老板，连大学

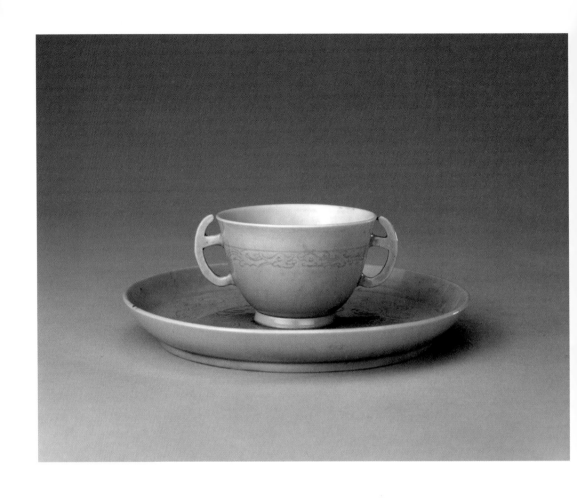

△ 图6.11-1 清康熙绿釉暗刻螭龙纹双耳托盏 | 故宫博物院 藏

图 6.11-2　清康熙绿釉暗刻螭龙纹双耳托盏（局部）

教授都被叫为老板，这就叫商业社会吧。

觞有耳，耳贴着杯子口沿平展开来。这不只是为了美观，更是出于实用的需要。所谓流觞曲水，就是杯子可以像船（杯形的确像船），顺水漂流，坐在河边伸手抄起，一饮而尽。展开的耳既可以起平衡作用，又方便抓握。

后来喝酒喝茶的方式一变再变，但变来变去都不太需要耳，耳就从杯上消失了。唐宋元明清，很难看到，但也有例外，这件就是。

一定要说有什么实用性，也说得过去。

手指捏住把喝酒喝茶，有另一种从容优雅，又增加某种仪式感。像是意大利人喝的咖啡，小小一杯，特浓，没有耳就不行。

不过单从用的角度看，可有可无，尤其不需要双耳。大多数杯子没有耳，也没有造成什么不便。

更大的用处是增加了它的美（如果美能算一种用处）。虽然叫耳，但看起来像杯子长出了翅膀，翩翩欲舞。

杯子可以独立使用，但这件配套了盏托。宋以前，杯子都大，多有盏托，形制既高且复杂。有的盏托本身像是在一个底座上放了个杯子。

清代宫廷传世的杯子，多数没有专门的盏托，这件又是个例外。托很浅，如盘，中心部分留出一个凹槽，杯子底足稳稳卡在里面。

杯身极为简洁，以至于普通，到今天都是最常见的造型。普通并非不美，只是多了审美会疲劳，误以为普通就不美。中部偏上如腰带般环刻了一圈纹饰，叫螭龙纹，或螭纹。

《说文》里说："螭，若龙而黄，北方谓之地蝼，从虫，离声，或无角曰螭。"这种龙并不张牙舞爪，气势汹汹，反而是形态优美，很有几分媚态。

螭龙的形象在青铜器中很常见，玉器中也不少，但此后有些沉寂。宋代以后，时时掀起复古浪潮，不免又将其翻出，特别是经常出现在屋檐。用在小杯上，识者立即读出古意。

装饰的手法也近古。青铜器上都是立体雕刻，这里做了简化，如线描，意思到了。盘面上同样刻了螭龙纹，与杯身一呼一应。

虽说是复古，但瓷器有瓷器的个性，并不一味模仿。材质上，仍是瓷器本来面貌，并不刻意模仿铜的效果（的确有仿铜的瓷器），而是选择了青透的绿釉。

虽然瓷器史上，绿色釉的瓷器一般称为青瓷，但这种绿色瓷器却被单独称为绿釉。因为虽然看上去也是绿色，但和青瓷相比，不但釉的成分完全不同，工艺也大不一样。

青瓷是在成型上釉后，高温下一次烧成。这种绿釉却不同。它在上釉之前，就要放入窑中高温烧制，成为一件没有釉的裸露白瓷，紧接着再覆上一层绿釉，然后进行二次低温烧制。多次的烧造显然比一次烧成需要承担更高的风险以及更多的成本。

但这在皇帝看来，无疑是值得的：这种绿釉的淡绿色调让人想到初春的青草，或是嫩柳的新绿在阳光下湖水中的倒影。它又有一种透明的质感，让人无法捉摸，对比一下吹绿釉茶杯（见附文）中的绿色，那是清晰肯定的。但这里的绿却是草色遥看近却无，当你注视并想要捕捉它的时候，它又瞬间溜走。

这使它具有一种神秘的气质，在不同的光线下产生种种微妙的变化。这种变化并不取决于自身的变化（如窑变釉），而在于环境——光线的强度以及观看的角度。

不像黄色或红色，绿色本身并不具备强烈的政治意味，这就使它体现出某种纯粹的审美需要。绿色，似乎从来就代表着自然，但这不是全部。不知道是有意设计还是无意的巧合，绿色也能让人联想到锈迹，它为古物添彩，并成就古物的古——将锈迹擦除，古物就光亮如新了。

于是，从造型到装饰再到淡绿的色调，种种迹象，都让我们从这样一个小巧精致淡雅的小杯上，读出了上古青铜器浓浓的庄重、典雅、古拙以及时间的痕迹。

附：清雍正吹绿釉茶杯

明朝开国皇帝朱元璋废了团茶，改了散茶。宋代斗茶的风气戛

图 6.12　清雍正吹绿茶杯｜台北故宫博物院 藏

然而止。

茶具跟着要变。

斗茶时，热水直冲入杯，杯子本身就是泡茶工具，像今天玻璃杯喝绿茶，或者影视剧中的盖碗茶。这样的茶杯自然要大，口沿处还设计一道箍，往杯里收紧，可以防止水冲出杯口。

这时候既然不斗茶，这些讲究就不再必要。

雍正时期的这个茶杯已十分小巧，喝茶时，两指或三指一捏杯沿，抬手贴到唇边，手轻抬，茶汤入口。

口沿处微微往外一撇，不易觉察，像小楷精妙的起承提按，看上去一笔，不识者不知有多少变化。

这一撇大有妙处，既呼应了茶杯下腹柔美的曲线，又可以有效降低变形的概率，手指捏住杯沿时，精确而肯定，还有防烫的功能。

用今天的话说，叫实用性与艺术性的完美融合。

外壁施绿釉，柳绿青青，嫩，吹弹可破，于是叫吹绿。古人说颜色，没有这样的叫法，极妙。

不过吹也可能是说工艺，叫吹釉，用细竹管，一端以细纱布包口，蘸上釉，从另一端吹气，釉就散如雾，喷上杯壁。

反复吹至覆满外壁，入窑烧。

一个吹字，又是实用性与艺术性的融合。

清康熙豇豆红八大码

|

美人醉

高温红釉瓷器向来是陶瓷烧造工艺的试金石，冠绝古今。

豇豆红是皇冠上的宝珠。

但与宝石红（参看图5.6）并置，它看上去红得含糊糊、温吞吞，很容易误以为不够鲜艳、不够热烈、不够纯正。

这的确不是起初期待的结果。

红釉的烧造，精彩处或如凝血，或如红宝石，最大限度激发出红的激情。但红釉烧造如刀尖上的舞蹈，温度稍高稍低，气氛稍浓稍不足，都难达到理想颜色。

问题太多，不能穷举。有时烧成黑色，有时干脆没有了颜色（行话叫"烧飞了"，精准传神），还有时候出现意外的绿色，南辕北辙。多数时候，这些失败的作品或被当作废品砸碎，或作次品变价。

但有人从某些残次品中读出惊人的美，叹为绝色。有称"美人醉"，有称"桃花片"，有称"孩儿面"。偶见点点绿色如青苔称"绿苔点"，或大片绿如瓜皮葱翠清爽称"瓜皮绿"。

笼而统之叫做"豇豆红"。

图 6.14　清康熙豇豆红太白尊（左），清康熙豇豆红釉印泥盒（右）

豇豆红在康熙朝横空出世，震烁古今。

皇帝喜爱，下旨御窑厂专门烧造"次品"豇豆红。但这比起烧造红釉更是难上加难。

红釉再难也有标准，有标准便有方向，但产生的问题千差万别，毫无规律，更无标准（标准就是要排除问题）。好比你有一个碗摔破了，但发现残破带来别样的美，希望再有一件破成同样的，甚至破得更漂亮的碗，那简直是不可能完成的任务。远比烧一百件一千件完好的碗要难得多。

但豇豆红的任务仍然需要完成。我们并不清楚匠人们为之付出了怎样的努力。结果是令人满意的。

传世的豇豆红，并非特别稀有。但几乎没有大件，最高不过二十几厘米，而康熙朝之后，也鲜有烧造。

西方收藏家最多收集了八种，合称"八大码"，就是图6.13中的八件。八件色调各不相同。其中一件水盂红绿相间，淡淡粉红间杂青苔绿点，最为特别。

另一件长颈瓶的绿色同样迷人，却是与水盂完全不同的釉，它是低温下二次烧造。趣味也大不相同。

其他小件各具特色。

严格说来，豇豆红也可归于窑之变，但与"窑变釉"毫无相似处。

同样是追求变化之美，豇豆红无疑是含蓄的，却又是极致的。

红釉体现的是最高超的技艺，而豇豆红又再往前踏上一步，仿佛从高度的紧张中进入一种微醉与迷离，在精确的控制中进入一种失控，于是灵感与才华涌现，如诗人醉后的诗篇。

从这个意义上说，"美人醉"真是最恰当不过的美称。

太白尊

巧的是，这种叫太白尊的小瓶，据说就是取自太白醉酒的意象，又说是诗仙的酒坛，不可考。"美人醉"要是出现在太白尊上，倒是绝配。

这种器形是当时的创新，前朝未见。瓶身如半球，圆浑饱满。口如孩童噘起的嘴，乖巧可爱。虽然可以储水，却并不好用。可做案头清供，时时把玩。

瓶身还雕刻了团龙，远观不易察。

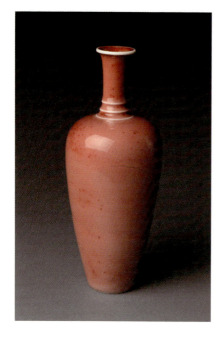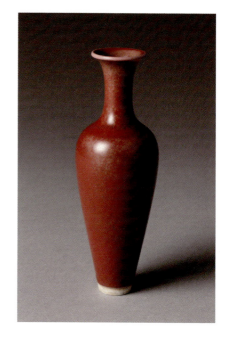

图 6.15　清康熙豇豆红釉莱菔瓶（左），清康熙豇豆红釉柳叶瓶（右）

莱菔瓶

　　莱菔瓶让人不明所以，其实莱菔是萝卜的雅称，叫萝卜瓶，马上就和器形联系起来了。

　　是因为灵感来源于萝卜，还是恰好与萝卜形似，已经无从考证。不过，它诞生之后即成为一时之经典，却毋庸置疑。

　　器形的设计极为精妙。颈部瘦劲，中段轻轻一收就亮出优雅的弧线，与肩相接处三道弦纹，如海浪，层层推进，越往下越密，越紧张。但肩部顺滑的一转，压力卸去，化于无形。顺势而下的线条微微外拓，丰润挺拔，骨力中见丰腴。又与颈部内收的曲线一收一放形成呼应与对比，自上而下，瓶身线条流动，摇曳生姿。

足收得干净利落，不露痕迹。

除了豇豆红，莱菔瓶还有青釉或天蓝釉，甚至还见有雕刻装饰，单独看都精彩，但放在豇豆红面前，不免黯然失色。

印盒

印盒也叫印奁（lián），或印色池。通俗的叫法是印泥盒，一听就知道用途。这当然是印章的标配，如墨之于笔。

欣赏古代书画，很少能见到没有印章的。但印章最早并不服务于书画，早期的绘画也不用印章。今天看到早期画作上的印章，多是后人加盖上去。非但如此，印章最辉煌的年代早在秦汉时期，今天意义上的中国画，当时还未产生。

印泥盒虽然唐代就已经出现，但显然难入文人眼。真正讲究起来，还是到了清代。

这是印盒中最经典的款形，俗称馒头式，虽然形象，但名字不雅。

上盖要拱起，是因为印泥是红色的一团，不像今天办公室用的那种，扁，而且平。

柳叶瓶

它立在那里，弱不禁风。

的确，这不是一个稳定的形制，如果出于实用的考虑，无疑这样的设计要被否定、弃之不用。

不但如此，烧制的过程更是充满惊险。

成形的过程且不必说，只看满窑（把完成的坯放入窑里）。首先，上好釉的坯体，要小心地放入桶状的匣钵，一个匣钵放四五个，各自独立，不远不近。还不能贴着匣钵壁，否则烧成瓷时，就粘在壁上，连匣钵也废了。

这时，你两手稳稳把匣钵端起，意外的晃动就可能导致全部重来，严重的，坯体可能已经碰坏，看不见，但一烧，问题就出来了，成瓷时或有裂或其他，无可挽回。

接下来，端匣体移进窑里。窑房地面自然坚实，但却不如瓷砖般平整，你却要像在冰面上滑行。上身不动不摇。窑门很窄，门外是窑堂，上面架块木板，要从木板上走过去，有起有伏。手仍需稳，四五个瓶子在匣钵里。

进了窑，走到最里面，已经码好部分的匣钵，或已一人多高，你手上这个就要举过头顶，手在胸前从端换成举，小心翼翼。已经另有师父在上面等着，接手时更不能马虎。

放好，码平，长出一口气。

烧窑的风险又远超过小心翼翼。即使前面的过程没有丝毫闪失，烧窑的过程又不出任何意外，一个匣钵里，能出一件完美品相的已是幸运。

冷却，取出（这时已是瓷器，倒不用那么小心）。

众目睽睽下，弱不禁风，却有种弱不禁风的美。

它叫柳叶瓶。瓶身下部细细长长一收，像极了柳叶，只是没有叶尖。由下往上，仍是纤细，却渐圆润饱满，至肩部迅速一收又向外绽开，舒舒展展。肩真漂亮啊，哪是瓶，是美人。香肩半露。

身材比例恰到好处。口部外展，却放而能收，仍有几分矜持。

除了具体而微的美，这件小瓶还有一种罕有的诗意。

因为形如柳叶（对比一下石榴瓶，它是欢快的，多子多福），杨柳的意象自然满溢其间。

轻风拂柳，细叶裁出，风细柳斜。

柳叶之形是优美的，"青梅如豆柳如眉"；柳是柔媚的，"西城杨柳弄春柔"；柳是春天，"预知春色柳丝黄"；柳是多情的，"一丝柳、一寸柔情"；柳有时又带着感伤，"依旧，依旧，人与绿杨俱瘦"。

何以要烧造这样的小瓶？

反复想，或许只能说，这是对美的一意孤行。

清康熙人物故事图盘

|

另一扇窗

无一处不是地道的中国元素，却不折不扣是西方设计，以符合欧洲人的审美习惯以及对这个神秘富足的东方国度的想象。

如今这类瓷器笼统称为外销瓷，顾名思义。

自 16 世纪欧洲打通全球航路以来，中国瓷器源源不断运往西方世界，风格多样，数量众多，质量往往也良莠不齐。起初，原本供应国内市场的瓷器，都一股脑运往欧洲。但随着贸易的急速扩张，越来越多的定制瓷器出现以满足越发挑剔的口味。

与常见盘形稍有不同，盘沿往外一折，斜斜展出一道边（图 6.16）。它构成一个独立的平面。在这个环形的平面里，以山石巧妙地隔成了四个区域，因为山石本就是画面配景，以至于四个不同的场景、四幅不同的画面连在一起，如同一件作品、一幅长卷。

盘内另有一圈"完整"的画面，山石、树木，流云间日月星辰。空无一人。

正中的画面是另一个世界，仿佛时空穿越，在自然的空间里忽然打开一道门。在那个世界里，四位女子正在湖边阁楼里消闲嬉戏。

△ 图 6.16 清康熙人物故事图盘 | 故宫博物院 藏

图 6.17　清康熙人物故事图盘 | 故宫博物院 藏

　　这样一看，盘沿是最外层的世界，两边的女子似乎正在窥向盘内天地，而盘里空无的天地间，又隐藏着盘心的热闹世界。

　　这本来是一种在外销瓷中极为流行的装饰手法，在平面中单独隔开一个独立区域，有如打开一扇窗，因而这种装饰被叫做"开窗"，又叫"开光"。

　　但这里具有非同寻常的意义，使之成为一种嵌套结构。这在中国古代的视觉语言中，几乎是绝无仅有的，并不清楚这是设计者的精巧设计，还是无心插柳、妙手偶得。

　　留心一些细节还能看到画面的关联。比如最外层左下角的画面——芭蕉与梅花——无疑是中间一层画面缩小变形的翻版。正下方采莲的画面又与中心湖面的场景相呼应吻合。

　　古代单独描绘女性的绘画统称为仕女图或仕女画。但这里的图式却并非纯粹的仕女画,而更可能是某个人物故事画的插图片段或某个场景。多数的画稿都出自小说或戏曲的插图,而非出自画家的作品。一些插图尽管也出自"专业"画家笔下,但却与纸本绘画大不相同。将之转移至瓷器,并使用了青花的技法,于是造就了独特的风格(细看人物的面部就会发现,多数都是程式化的画法,遵循一套特定的规律,与真正的人物画大为不同)。

这种风格在国内大受欢迎,但多数时候都不会刻意装饰,仅仅只是将画面展开。比如图 6.17 的这个瓷盘,画的是著名的《空城计》,瓷盘本身有如团扇,画面神完气足将盘面撑满。

这类故事画在西方同样大受欢迎,只是不满足于中国画的形式,喜欢在画面周围附加装饰。开光就是其中最常见的手法。

之所以人物故事画最受欢迎,除了青花色调的清翠艳丽,自然还有它展现人的生活。

于是,当被观看时,瓷盘本身正如一扇窗,让人得以一窥那个遥远而神秘的东方世界。

清雍正洒蓝釉地黄花盘

|

明日黄花

20 世纪 70 年代的某天，一位老农妇来到北京文物商店。她拿出一个大瓷碗交给店员，店员接过碗，手上一沉。胎壁很厚，比普通瓷碗重得多。外壁蓝色，却不均匀，深深浅浅，最浅处泛出白色，如雪花。内壁纯白，却满是磨损污垢，看得出乱用了不短的时日。店员询问来历，老人说是家里旧物，装过盐，还喂过鸡。因为又大又结实，很耐用，但并不清楚这个碗出自什么年代，又从何而来。店员仔细查看，判为乾隆年间瓷器，算不得名贵，慎重地估了个价：80 元。对于那个年代的一个旧碗而言，这不是个小数目，农妇很高兴。文物商店又多收购了一件老瓷器。

这件瓷器看起来并不起眼：因为厚重，所以显不出精致；因为蓝得不彻底，看上去也不惊艳，不像祭蓝，或是画面精彩的青花，甚至让人怀疑是问题产品。

但这一切，在专家眼中却另有深意。北京市文物局鉴定组和国家文物局鉴定组多次鉴定，耿宝昌、付大卣等专家反复研究，最终认定这是创烧于明代宣德年间的"洒蓝釉瓷器"，定为国家一级文物，成了国宝。

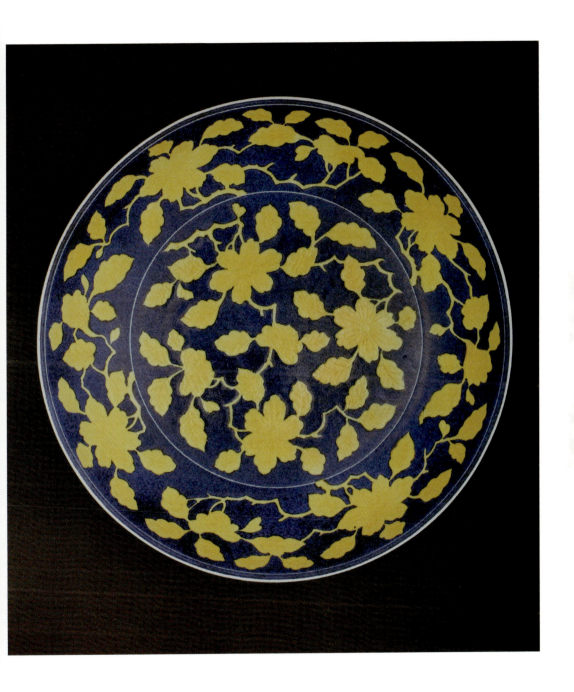

△ 图 6.18 清雍正洒蓝釉地黄花盘｜故宫博物院 藏

图 6.19　清雍正洒蓝地白花缠枝花卉纹盘｜中国国家博物馆 藏

定为国宝，洒蓝功不可没。

洒蓝釉看上去是在白色瓷器上，呈现浓淡相间的蓝色，像是把蓝色喷洒在瓷器表面。又或者是在蓝色的表面洒上白色，如片片雪花，于是又叫雪花蓝。

说洒也并不准确，确切的做法是吹。清代乾隆时期成书的《陶冶图说》中有精确的记载："截径过寸竹筒，长七寸，口蒙细纱，蘸釉吹。吹之数遍，视坯之大小与釉之等类而定，多则十七八遍，少则三四遍。"

所以《南窑笔记》中，干脆就把它称之为"吹青"，青花的青。的确，洒蓝就是将青花料吹洒在坯体的表面，最后再覆上一层透明釉入窑烧制。

这种装饰手法最早出现在宣德时期，数量极少。宣德之后，更不见踪迹，直到清代康熙朝才重放光彩。

光是听名字，就饱含一种诗意的美，无论是雪花蓝，还是吹青、洒蓝。想象一下把蓝色洒在雪地里，又或是天空飘洒着蓝色雪花。

不过，宣德时期的雪花蓝，雪花显得太过突兀，一团一团，白得太抢眼太规矩，难怪此后一两百年被人遗忘。

到了清代，洒蓝重出江湖，早已改天换日。图 6.18 这件雍正时期的蓝地黄花瓷盘，是重拾洒蓝工艺的杰作。

如果不近看，会误以为只是单纯的蓝色，细看才发现变化丰富。沉静的蓝色底色上洒满深蓝色斑点。主体的纹样是折枝花卉，填以明艳的黄色，格外醒目。也有不填彩的，如同剪影。图 6.19 这件瓷器与普通青花瓷刚好相反，也叫反青花，或蓝地白花。空白处也不真是完全空的，细看有暗纹，刻出花瓣叶脉。

在追求整体的效果中丝毫不放过细节，而细节又不干扰整体的效果。

元气十足而不流于粗糙，精雕细琢而不陷于琐碎，说的就是这样的作品吧。

清雍正粉彩花鸟抱月瓶

|

瓷上绘画的极轨

忽略器形，仅将画面提取，已然无法分辨这是画在瓷上还是纸上。绘画水准之高，足以令其置身于最了不起的花鸟画杰作间，也无愧色。

这是典型的花鸟画，中国绘画最重要的一支，地位仅次于山水画。它的历史最为久远，最早的花鸟画恰好可以追溯到六千多年前的彩陶上（参看图 1.1），比山水画早得多。但真正意义的花鸟画成熟于宋代。徽宗皇帝传世的画作，多数就是花鸟画。

与山水画不同，花鸟画承载着截然不同的内容。山水画是历代文人最重要的精神寄托，自然成为绘画的最高标准。尽管它源于真实的自然：山石、树木、河流，却是整体的、抽象的。所谓寄情于山水，并非某处具体的山川河流，事实上，由北至南，各地山川风貌不但大不相同，四时之景更差异巨大。这些差异仅仅是丰富了"山水"的意象——不同的形式美。它在文人心中从来只是作为整体而存在。

而花鸟画是具体的，更是丰富的。一花一木一禽一鸟都自有其美，也各具其意。松岁寒不凋，竹劲节高致，梅凌寒自开——是文人气节格调的象征。佛手代表多福，荔枝代表多子，桃代表长寿——是百姓喜爱

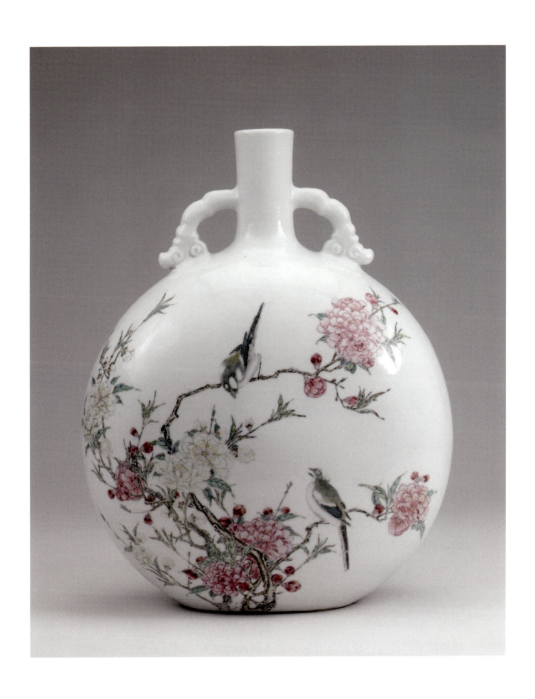

△ 图 6.20 清雍正粉彩花鸟抱月瓶 | 大维德基金会 藏

图 6.21　清雍正粉彩花鸟抱月瓶 | 大维德基金会 藏

的寓意，宫廷则来者不拒，照单全收。寓意象征是复杂的，比如竹，同时还表示虚心、不折不弯的气节、高风亮节的气度，又文雅、潇洒、挺拔，在民间又有节报平安的通俗美意。

于是花鸟画题材运用更广泛，也更受欢迎，陶瓷自不例外。

不过虽然最早的花鸟画现身于陶瓷，陶瓷上也从未停止花鸟题材的使用，但后来却被绘画远远甩在后面。这并不奇怪，毕竟术业有专攻。随着技术的成熟，虽然也有试图接近国画的努力，但技术的限制始终是一条不可逾越的鸿沟。特别是在色彩的运用上，直到明代，瓷器上所能使用的色彩不但极为有限，想要表达色调的细微变化更无可能。

但这一道技术的高墙终于在清代被打破。

出乎意料，技术的突破并非源自御窑厂，而是直接来自宫廷。

> 西洋珐琅彩恰逢其时进入了皇帝（康熙）的视野。西洋珐琅的色彩，比起中国的五彩，不但颜色更鲜亮，种类上也更丰富。把珐琅彩画在瓷器上，是个顺理成章的想法。
>
> 不过珐琅彩的彩料全靠进口，数量有限，如果放在景德镇进行实验，难免有鞭长莫及的忧虑。而低温釉上彩的烧制，宫廷里面就可以完成，技术上没有太大的难度，所需的资源也很有限，并不需要转移整个产业链来配合。于是，一种陶瓷新品种的尝试第一次在宫廷里展开。这在整个陶瓷史上，也是绝无仅有的一次。（拙作《捡来的瓷器史》）

康熙时期珐琅彩的成功，不但将陶瓷色彩的种类大大扩充，更因为有宫廷画师直接参与，宫廷美学得以更直接地体现在瓷器上。此后，雍正时期技术取得更大突破，不但顺利将珐琅彩国产化，并在此基础上创造出粉彩工艺，至此，陶瓷绘画最后的技术障碍得以突破。

瓶上的绘画，如果说是出自宫廷画师的手笔，完全不会引起任何的疑义，事实上雍正时期的部分珐琅彩作品，的的确确出自宫廷画师之手，甚至还有西方传教士被要求参与其中。

绘画其上的瓷瓶叫宝月瓶，又称抱月瓶。据说因瓶身如满月而得名，很容易让人联想到永乐时的另一款扁瓶（参看图5.1），但其实是另一种器形，倒是同样出现在永乐一朝。除了颈部细长挺拔与扁瓶不同，另一处最明显的差异是耳。双耳如垂云，又像如意。瓶身也更显扁平。那种雄浑的气势不再，代之以优美典雅的风度。

正反两面各绘一幅花鸟图。其中一面是白头翁，笔致工细，纤毫毕现。白头翁有富贵白头的寓意，又让人想到白头偕老。圆形的表面有如团扇，宋画中已然常见，并不新鲜。色彩柔和淡雅，赏心悦目。

器形的优雅与画面的精美几乎抢占了全部的注意，但不要忘记瓷器本身。它细腻光洁，温润如玉，质地之美，历代白瓷也难出其右。

从任何角度看，它都堪称完美。

至此，这场由宫廷主导的变革将陶瓷工艺与艺术推向了一个新的高峰。它融合了宫廷审美、文人意趣以及民间趣味，它优美、典雅、精致、吉祥，无懈可击。

但它无意中竖起了另一道高墙。文人趣味、民间意趣在陶瓷上再难有施展空间，此后都成了这种完美典范的不完美的模仿和回音。不再有探索的动力，自然也没有了创新与创造的活力，终于无可挽回地踏入盛极而衰的宿命。

清雍正粉彩福寿双全橄榄瓶

|

一个时代的侧影

　　再难有一件瓷器像这件橄榄瓶的身世那样传奇，能代表 20 世纪中国的命运。

　　它的诞生就颇不寻常。

　　1722 年，康熙帝驾崩，四子胤禛即位，次年改年号雍正。

　　在雍正皇帝光辉的政治生涯中，瓷器本无足轻重，但偏偏他对之钟爱有加，在瓷器上取得的成就甚至超过作为一个皇帝的功绩，留给后人的遗产更是如此。

　　他亲自参与设计，对作品提出看似无关痛痒却恰恰最能体现品味与格调的要求；他不放过任何微小的细节，这些细节在最优秀的匠人那里似乎也无关宏旨，甚至认为纠缠于这些细节毫无必要；他百般挑选人品、才能以及艺术修养都足堪重任的近臣驻守御窑厂管理窑务。

　　他翻开陶瓷史全新的一页。

　　这件橄榄瓶是那一时期杰出的代表，它诞生之初的命运虽然缺少只言片语的记录，但并不会超过宫廷生活的范围。它的作用也不会多于插花，但这种器形，单纯地将它摆在某处案台，或许会比插上花枝更能装

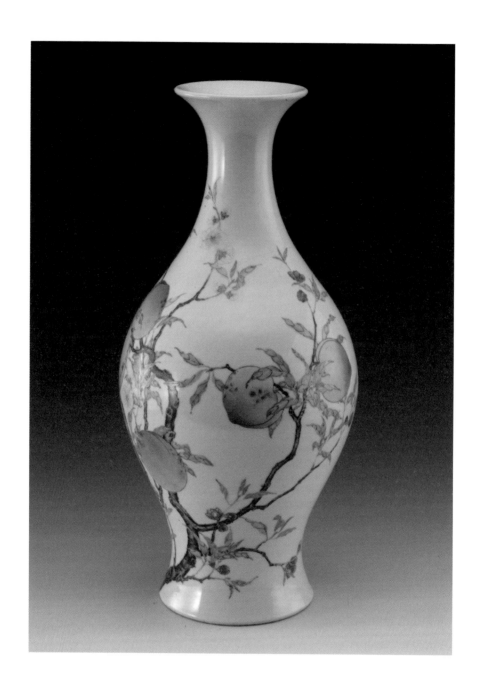

△ 图 6.22-1 清雍正粉彩福寿双全橄榄瓶 | 上海博物馆 藏

点一个空间。

如同大家闺秀，它在深宅大院里安然度日。

一个多世纪水波不兴。

命运的剧变开始于 1900 年。西方的枪炮再次撬开了中国的大门，这一次，他们烧毁圆明园，并将其中的珍宝抢劫一空。那些藏于深宫的奇珍异宝，不可阻挡也无可挽回地流向海外。不过，认为今天西方各大博物馆收藏的中国珍宝都源于那次野蛮的行径是有失公正的。但中国的古代艺术品在此后数十年的历史中，源源不断地流向西方。

具体的数量今天已无法准确统计，但橄榄瓶是其中的一件。

可要不是一次偶然的注视，人们或许永远不会知道它的存在。

千禧年刚过，苏富比的专家来到一位美国议员家中，议员打算将家族收藏的一批古董交由拍卖公司拍卖。在检视这批收藏时，一位专家无意中瞥见沙发一侧茶几上的台灯，眼前一亮。

台灯本身无关宏旨，台灯的灯座后来证实了专家的眼光。

这个灯座是一件瓷器花瓶，颜色柔美，画面是典型的传统中国画。

器形非常特别，看上去像一枚放大的橄榄。其上绘制桃树，桃实有些过分的夸大。在中国，桃象征着长寿，以至于见到这样硕大的桃实，人们都直接称之为寿桃。寿桃呈粉红色调，在绘制的过程中，很好地表现出桃实色彩的细微变化。由浓而淡，由淡而浓，某个局部又突然呈现出深重的暗红斑点，像自然中的桃子那样。枝干也是如此，不乏细节的刻画与质感的表达。这种效果在西方的写实绘画中并没有什么惊人之处，但在陶瓷上出现就非比寻常，甚至在雍正朝以前的瓷器上根本无法想象。

雍正时期出现了一种称之为粉彩的新工艺：

图 6.22-2 清雍正粉彩福寿双全橄榄瓶（局部）

比如画一朵花，勾勒花瓣之后，在花瓣轮廓内要先填上一层白色，叫玻璃白，然后再于玻璃白上涂一层粉红色，最后根据需要用水洗染，洗得多的地方白色露得多，颜色就浅，反之则深。这样一来，花朵的色调变化就可以充分表达出来。从此，陶瓷装饰上色彩的运用，进入了一个全新的阶段，甚至可以在一片树叶上去捕捉绿色的微妙变化。（拙作《捡来的瓷器史》）

粉彩不但在色彩上大大的丰富，过去不可能完成的色阶变化，也变得轻而易举。这极大地拓展了瓷上绘画的表现力。事实上，此时陶瓷上最精美的绘画，已经和纸本的宫廷彩绘难分高下。毕竟，这些瓷器上的画稿，往往也都是出自这些画家的手笔。

凭着专业的敏感，专家判断这是一件珍宝，极有可能出自雍正时期的官窑。但这个判断立即让他们紧张起来，因为此时它已成为一个灯座。

自16世纪中国瓷器源源不断涌入西方世界，对中国瓷器改造以满足西方人的使用就从未停止：一个敞口的水壶，加上一个盖，盖上还要加链与壶身连在一处；一件素雅的花瓶，添上双耳再加一个底座俨然是二次创作，成为另一件工艺品。电灯出现之后，把瓷瓶改造成灯座变得顺理成章，但这有额外的风险，并伴随某些无可挽回的破坏，比如在瓶内打洞，好让电线穿过。

万幸！花瓶是完整的。尽管议员家族并未将其视若珍宝——为了花瓶的稳定性，他们居然草草挖了些后院的泥土填入瓶中，泥土里还混着狗粪。

2002年，这件瓷瓶现身苏富比拍卖会。

香港收藏家张永珍女士志在必得，橄榄瓶最终以4150万港元的价格收入她的藏品清单。不过，和绝大多数的私人收藏一样，热闹的新闻之后，它便会迅速从公众的视野中消失，进入真正私人的领域。

但故事并未就此结束，仅仅在一年之后，这件瓷瓶又一次成为焦点。张永珍女士经过慎重考虑，将这件国宝级的瓷器捐赠给了上海博物馆。这次的回归，不仅仅是象征（但有趣的是，捐赠的对象并非故宫——这件瓷器原本所在的地方）。

传奇的身世往往让人忽略它自身的价值。

事实上，置身瓷器千余年的历史，它也堪称经典。

作为一件瓷瓶，它可以说是设计的典范。尽管可以找到某些"相近"的源头，比如宋登封窑珍珠地划花虎纹橄榄瓶（参看图3.12），但与其说早期的瓷瓶为后来者提供了参考与灵感，不如说是后来经典的产生驱使人们去寻找它可能的源头，这总是屡试不爽。

它曼妙的曲线如此迷人。长颈，秀肩，丰胸，细腰，一波三折，摇曳生姿。它是柔美的，无一处不圆转，无一处不顺滑，无一处不摆荡；却并非柔弱无骨，相反，它是挺拔的，昂首，挺胸，驻足，英姿勃发。它立在那里，便力压群芳，令观者动容；却又让人想到橄榄的小巧灵动，引起人们欲对之百般呵护的柔情。

橄榄瓶诞生之后，百般装点，这件的装饰是其中杰出的代表，传世只此一件。

让我们将画面展开。呈现在面前的，是一幅完整的花鸟画。它细致地描绘了一株桃树，树上桃实丰美，树叶嫩绿如新发。两只红色蝙蝠穿行枝叶间。在西方，蝙蝠常是邪恶化身，但在中国却是吉祥的象征。并非因为形象讨喜，仅仅因为蝠与福同音。于是，把黑色的蝙蝠画成红色就容易理解：红与鸿同音，红蝠就成了鸿福。这种手法在宫廷与民间同样受欢迎，文人却很少涉足，但并不排斥，甚至也偶尔为之。

桃则是另一种修辞。它象征长寿，民间干脆就叫寿桃，连神仙要延寿，都要吃蟠桃。福也有了，寿也有了，合在一起，这样的画面就被称作"福寿双全"。这种题材在历史上并不罕见，但雍正时期将其推向高潮。

如今，这件杰作安然伫立在上海博物馆陶瓷展厅最显赫的位置，独享一个专门的展柜，展柜上安装数盏射灯，聚光其上。人们可以从任何方向朝它聚拢，驻足凝视。

但要不是那偶然却惊人的一瞥，这件橄榄瓶仍然在那座遥远的美国深宅中安然于一个灯座的命运，任人来人往，很少有人会将目光在它身上多停留一刻。

清雍正斗彩鸳鸯莲池纹盘

|

平淡天真

看上去有些平淡。

盘的内壁是个凹面，但画面将周围一圈弧面弃之不用，仅仅画在正中平展的圆里。画面也平，比如水草，切出一块块细长的绿，没轻没重。

绿是嫩绿，红是淡粉，只在荷花的花头点上一点深红。蓝色虽然醒目却往往会被忽略，它清晰的圆线圈定画面的范围，但你会下意识地把它排除在画面之外——画框也属于画吗？

它虽清淡，却不寡淡，倒是淡而有味，平淡天真。

画面主体是熟悉的荷花，左下与右下各一只鸳鸯：右边的刚刚游入画中，左边的却即将游出画外——它回首相望，是听到情侣的呼唤还是召唤伴侣速速跟来？

这是一幅极富诗意的江南小景：鸳鸯穿行在荷塘，周围荷叶舒展，荷花盛开。你大概立即会想到"鸳鸯戏水"，紧接着想到的是"只羡鸳鸯不羡仙"。这句诗出自卢照邻的《长安古意》，原文是"愿作鸳鸯不羡仙"，倒不如改了的上口。鸳鸯双宿双飞，象征忠贞的爱情，大受民众喜爱。奇怪的是，皇帝也很喜爱，元代甚至不许民间使用。元朝皇帝一

△ 图 6.23-1 清雍正斗彩鸳鸯莲池纹盘 | 美国大都会艺术博物馆 藏

图 6.23-2　清雍正斗彩鸳鸯莲池纹盘（底部）

夫一妻吗？

这种画面老实的叫法是"鸳鸯莲池"，但元代以前就有个文雅的名称叫"满池娇"，南宋文人吴自牧的《梦粱录》里记载临安夜市有售"挑纱荷花满池娇背心"。元代画家柯九思在《宫词十五首》中写道："观莲太液泛兰桡，翡翠鸳鸯戏碧苔。说与小娃牢记取，御衫绣作满池娇。"诗后加了注解"天历间，御衣多为池塘小景，名曰'满池娇'"。元代皇帝喜欢在衣服上绣这种纹样，倒有几分妻妾成群的意味。

画面保持着淡雅的风格，色调柔和，虽是夏景，却倍感清凉。

有趣的是，这种工艺叫斗彩，斗彩的"斗"却常常被认为是争奇斗艳的意思。这当然是种误解，关于斗彩的误解还很多，有叫豆彩，还有叫逗彩，听名字会误以为是有趣的色彩。色彩如何有趣？引人遐思。这还真不是玩笑，沈从文先生就是这么用的。

今天比较公允的看法，斗彩是这样一种装饰手法：它用青花勾线，再于线内填彩。

这听起来简单，实现起来却颇费手脚。因为青花是高温的釉下彩绘，而填的彩是低温的釉上彩，一次烧制无法完成。至少高温低温要各烧一次，有时候斗的颜色多了，可能两次还不够，但不是每填一种颜色都要烧。我在台北故宫看展时，多次听到导游介绍：斗彩每多一种彩，就要多烧一次，所以极为困难。这是夸大的误导。

斗彩最早的出现可以追溯到明代的宣德时期，成名于成化，以鸡缸杯为最。但鸡缸杯起初并不叫斗彩。

早期釉上的色彩主要是五彩（参看图5.10）。五彩很难区分色阶，红就是红，绿就是绿。雍正时发明粉彩，斗彩时就可以斗"粉彩"，但这块斗彩盘却仍是用五彩。有粉彩不用而偏用五彩，这与明代的情形就大不一样，是深思熟虑后的取舍。

它刻意保持局部色调的纯净，却又尽可能呈现色彩的丰富：绿色的色阶就至少有三种。水草与荷叶是不同的绿，两片荷叶更是一深一浅，每片荷叶还有阴阳向背，同样是靠颜色深浅区分。

但在粉彩出现之后，这样的表现方法显得十分笨拙。

它刻意保持着色调的单纯，展现出一派天真，甚至带着几分稚拙。

一个细节展现出巧妙的安排：盘面中心的部分被一圈青花线圈定，外沿的部分完全空白，像画框，又或是中国画的装裱。但这空白的背面又满绘画面。

主体的部分也不画满——满池娇当然要满——鸳鸯一前一后但都在画面的边沿，还都不完整，仿佛被画框挡住。

这个看似无关紧要的细节却仿佛把我们拉到一个圆窗前，观者与窗与景，是三重空间，你知道窗后是一片更大的天地，离窗越近，所见的景致就越开阔。

于是，看似平淡的画盘立即丰富起来，展现出近乎无穷的辽阔空间。

清雍正珐琅彩瓷赭墨竹石图碗
|
端起一片竹林

作为陶瓷最早的色彩，黑的命运很不寻常。

起初，它是最常见的颜色，无论是陶上彩绘，还是单纯的黑陶，有如后世的青瓷白瓷。传世黑陶有极精巧的制作，形制复杂，胎体薄如蛋壳，一望便知不是日常器物，地位尊贵。不过，在陶瓷史上，黑陶的尊贵仅只昙花一现。

汉代以后，青瓷成熟，彻底把陶丢在了身后，黑也好白也罢已成往事。到了唐代，白瓷异军突起，形成了南青北白的局面，没有多少黑的位置。宋代瓷业勃兴，各地窑口不断研发新风格、新产品抢夺市场，黑色开始攻城略地。先是建盏，再是吉州窑，都是以黑瓷名世，耀州窑的白底黑花对比强烈，也让人耳目一新。此时窑业群雄争霸有如春秋战国。黑稳居一隅。

不想元代青花横空出世，在短短百年间击败所有对手成为瓷坛霸主，随后色彩喷涌，五彩缤纷。黑色再难抗衡，自此沉寂。

这件白底黑画碗，是雍正官窑名品，相隔数百年黑色再度现身，技惊四座。

和在陶瓷上的命运不同，黑在纸上的地位极不寻常。宋代以来，水墨成为中国画美学的核心，远远胜过一切色彩，也成为构建中国美学体系的基石。这自然也在陶瓷史上留下深深印记，只不过不是黑色，而换成了蓝色的青花继承水墨精神。

　　而在这个碗上，我们终于看到直接以黑色再现水墨韵味的努力。

　　画面是典型文人画题材:竹石图。竹与石的组合最能代表文人品格。它并不刻意强调与自然的相似度，而是赞颂"成竹在胸"，以"写胸中逸气"。是的，画竹在文人那里甚至称为写竹。"写取一枝清瘦竹""醉笔淋漓写竹枝"。

　　瓷白如纸。于是，如在宣纸上表现干湿浓淡，表现黑的无限丰富，表现墨在纸上的晕晕染染。竹枝清瘦劲挺，竹叶俯仰生姿，视之如入竹林。以至于如果我们把器形忽略，它将是一幅不折不扣的水墨竹石图，难以分辨它是画在纸上还是瓷上。

　　但如何能忽略器形的重要？虽然看似一个普通饭碗，与我们日常所用别无二致，却无疑是最经典的造型，以至增一分则多减一分则少，数百年来未曾改变，时至今日仍最受欢迎。

　　今天看来，只要技术成熟，将中国画转移到一件瓷碗上仿佛天经地义。但事实上，大概很少有人会认为饭碗是适合表达文人意趣的场合。饮食男女，人之大欲，却难称文雅。古人会对一只茶碗品头论足，却不会讨论一只饭碗。于是，竹石图画在碗上，便有了不同寻常的意义。它把碗置于文玩的领域。

　　在碗上欣赏一幅竹石图也改变了欣赏的方式，某种程度上，它延续了手卷的欣赏习惯，但又有不同，它包含了某种把玩的意味。

　　仿佛端起一只碗，便掌握了一整片竹林。

清雍正青花釉里红牡丹图瓶

|

诗书画印

既表现中国画的水墨精神，体现文人画的趣旨，又能发挥瓷器的特色，这样的作品陶瓷史上并不多见。

这是其中极精彩的一件。

画面单绘一株牡丹，花开两朵，一朵盛放，一朵半开高上枝头。牡丹自隋唐以来大受欢迎，上行下效。宋代更盛，欧阳修有《洛阳牡丹记》，陆游写《天彭牡丹谱》。此后历朝历代，牡丹都被称为百花之王，国色天香。

与常见的花团锦簇相比，瓶上的牡丹极文雅，单单一枝，颇有孤芳自赏的高傲。枝叶如蓝色水墨，独独花头是红色。红也红得柔和淡雅，同样氤氤氲氲。又以青花勾勒花瓣轮廓，写意中不含糊细节。

红花蓝叶，画中从没有这般配色。

瓷器里看到，自自然然。

这是两种瓷器上最显赫的颜色。蓝是青花，影响世界；红是釉里红，陶瓷工艺的试金石。更巧的是两者都是釉下彩，而古代历史上成熟运用的釉下彩也只此两种。

在多数人的印象中，釉里红远不及青花闻名，甚至闻所未闻。不过

△ 图 6.25-1 清雍正青花釉里红牡丹图瓶 | 故宫博物院 藏

图 6.25-2　清雍正青花釉里红牡丹图瓶（局部）

在内行眼里,釉里红却要比青花珍贵得多。因为对温度和氛围非常敏感,它烧造太难。过或不及,都烧不红。过了,有时甚至完全没有颜色,"飞"了。火候不到则易变黑变灰,像明朝初期的釉里红,简直就是"釉里黑""釉里灰"。

此外,釉里红还易流动,画线就很不容易。因为画得再精准,烧时颜色稍一流动,线就模糊了。像图 6.25-1 这件,不但红,还能线条清晰,实在是万里无一。

但这还不是困难的全部。青花与釉里红都是高温釉下彩绘,同时在素坯上绘画,上釉后一次烧成。但两种材料各自呈现理想颜色的温度和气氛并不相同。理论上,釉里红烧得理想,青花必然发色欠佳,反之亦然。如瓶上的这件,更是难上加难。

除了工艺上展现的野心，瓶上的装饰也不止于正面看到的牡丹。事实上，背面更用隶书端正书写了一首诗：

紫陌鸡鸣远报晨，百官朝罢出枫宸。

龙旗夹道先传警，凤辇行春不动尘。

礼乐幸逢全盛日，耕桑俱是太平人。

千门万户东风暖，胜里金花剪彩新。

这是明代永乐时期一位名臣胡俨歌功颂德之作，乏善可陈。倒是书法承白《曹全碑》，颇不俗，在瓷上更堪称妙品，难得一见。引首压角各以釉里红绘印章，中规中矩。

这样一来，诗书画印就齐了。

瓶身有如稍稍拉长的莲子（瓶形很像明末清初流行的莲子盖罐去了盖）。简洁，优雅，颇有宋瓷风韵。

清雍正茶叶末釉螭耳花浇

|

从来多古意

颜色暗败，陈旧，很难引起观者注目。

在博物馆的展台上，它是最被人忽视的角色，少有人驻足。间或有人观望，或许只是因为满怀疑问。

但在历史上，它却被称为"官窑秘釉"。这很容易让人误以为是某种宫廷独有的秘密配方或技术，但事实并非如此。它既非宫廷独有，更没有难以逾越的技术障碍，甚至早在唐代，民间就已有烧造。这里的秘，大约是"秘不视人"，体现皇帝的珍爱。

令人迷惑的是，是什么让这种不起眼的颜色成为皇帝的珍秘？

它看起来不过是一种暗绿色调，只是靠近细看，会另有发现。它并非简单平涂，而是绿色中夹杂着黄色与黑色的细密斑点，如同茶叶碎末。茶叶末釉之名也是由此而来。

这种密布的黄绿色斑点并没有固定比例，如果黑、绿色点多，整体上就呈现墨绿的色调，叫蟹甲青；黄色多就成了暗黄色，称鳝鱼黄。前者多出现在乾隆时期，后者多在雍正时期。其间的差异，不过是材料的细微差别与烧窑时的火候变化所导致。

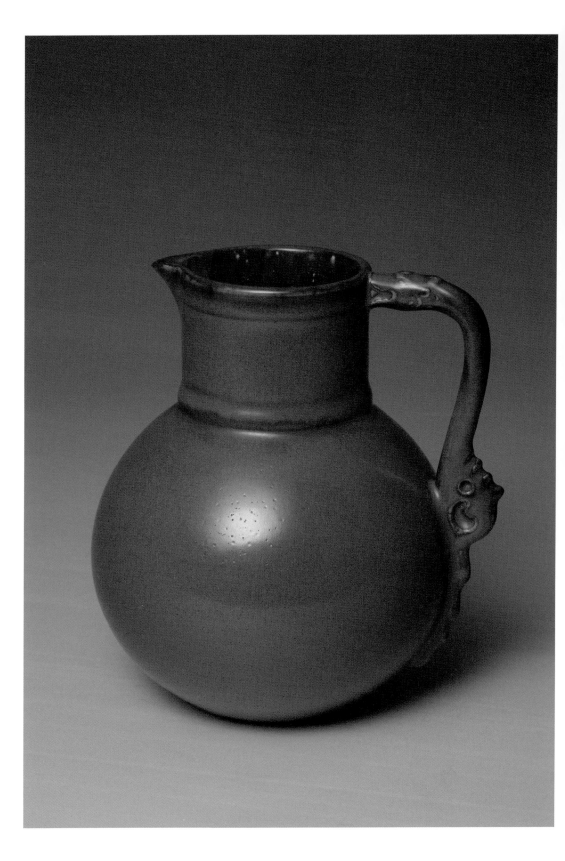

无论是雍正还是乾隆皇帝并没有公开阐述对这种釉色喜爱的原因，但其实并不难猜测，在差不多雍乾时成书的《南窑笔记》中，称茶叶末釉"釉泽苍古"，苍古说得好，可以成为解开谜团的钥匙。

今天人们总是感叹"今不如古"，但这并不是现代人专利，每一朝都会发出同样的感叹，如一个回音，在历史上久久回荡，仿佛一部人类文明的历史就是人类不断堕落的历史。这并非事实。

它是一种心理，是对现实的不满，是对未来的忧惧。但它似乎更是一种美学，深深植入中国文化的基因。在锈迹、残损、斑驳，乃至污垢中发掘出另一种美的理想，甚至远远超出任何"新"的创造。

它是对时间的感叹，逝者如斯，是"好古"。

如此，重新审视这件作品时便豁然开朗。它的口沿，显出老旧如包浆的褐色，间杂的黑色如同锈蚀，颈部与腹部交接处，堆积出厚厚一圈，如铜环，却污迹斑斑。它处处显出古拙的意趣，却不是衰朽与败坏。釉面是润泽的，有生意，泛出幽微的灵性之光，让人不禁自然生发出思古崇古之情。

这种器形被叫做花浇，听名字就能猜到用途。它其实又是一款阿拉伯地区流行的铜器，用以盛水，并不只为浇花。和青花扁瓶一样（参看图5.1），它在明代永乐时期传入中国，受到皇帝喜爱，下旨景德镇御窑厂以青花瓷仿制，于是这个器形融入中国文化的血脉。到了雍正皇帝这里，把青花的装饰去掉，换成了茶叶末釉。

因为储水的需要，腹部做得饱满如圆球，沉着敦厚。颈部收紧，直直往上。把手做得灵巧，纤细优美，与器身形成鲜明对比，更反衬出器身的分量。但细而不弱，妙处在转折，圆中带方，含着骨力。

把做成了龙形，不是常见的三爪或五爪龙，而是螭龙（参看图

◁　图6.26　清雍正茶叶末釉螭耳花浇｜美国大都会艺术博物馆 藏　　　　327

6.11–1)。少了威严，多了优雅。

把与器身的连接设计巧妙，口沿处由龙嘴"咬"住，龙尾拖得很长——因为下重而上轻，抓住把手时会很容易让人觉得"吃不住"，于是要靠长长的龙尾稳稳兜住。

口沿处在明代花浇的基础上做了点小小修改，豁出一个小尖口，自然是方便倒水，是实用的设计。看得出皇帝细致的心思。

尽管考古的证据表明，这种釉产生在唐代，宋代北方的耀州窑已经大量烧造。但如果认为清代茶叶末釉是继承这一传统，则是大错特错。

尽管从科学的角度，它们属于同一种釉，但其间不但纵跨千年的历史，也没有任何承继的线索。而最根本的差异是其呈现的效果天差地远，背后审美的趣旨更是大相径庭。

唐宋时期的茶叶末釉，是一种偏黄绿的粗糙釉色。在当时瓷器的釉色中，虽不出众，却也有自己的特色。自唐至宋，是陶瓷史第一次技术大发展的时期，各地窑口雄心勃勃，尝试开发新的产品以抢占更广阔的市场。茶叶末釉置身其间，是无尽创新中的一种，满足的更是市民阶层新的口味与需求。而清代的茶叶末釉诞生在陶瓷色彩大爆发的雍正时期，它的意义大不相同。它迎合皇帝个人严苛的美学标准与审美要求，而这种标准与要求所反映的，是对"古意"的向往与追求。

在这一点上，茶叶末釉无疑是成功的。它具有一种如上古青铜器般的质感，又有古玉般的润泽，极易引发思古幽情。不过，雍正皇帝决定以茶叶末釉来改造青花花浇时，未必明了它的原型本来就是一件铜器。

于是，这件茶叶末釉花浇的烧造便具有了一种双重的模古意味。

这大概是雍正皇帝始料未及的。

清雍正海棠式花觚

|

结构之美

以单一的形态构筑复杂的结构，在自然界并不鲜见。蛛网、蜂巢、雪花，我们常常惊叹于其宏大与复杂，谜一般，更惊叹于构筑这迷人复杂性的材料却如此坚实、朴素，甚至单调。

但在人类的造物中，这是罕见的，随便拿出一件器皿：即使宋瓷以无比简洁优雅闻名于世，却都展现出优雅的线条、变化的曲面、精巧的形态。尽管它看上去干净利落，不假装饰，却与自然或简单几何无关。看看玉壶春、胆瓶或是梅瓶，每一种造型都是人类无与伦比的创造，包含一个时代的审美理想，却并不来源于某种简单的原则。

有趣的是，这件看似精巧、复杂、充满天才想象的花觚，却产生于一种简单的弧形结构。

如果我们从正上方观察，那是四段两两相对的弧线，首尾相连，其灵感源自海棠花。

正对时很容易发现，自上而下，仍是三段弧线，只不过其长度、弧度与向背变化，仿佛一个声音，不同的音长，产生了节奏。它遵循着某些数学上的简单规律——对称、弧线——又充满变化之美。

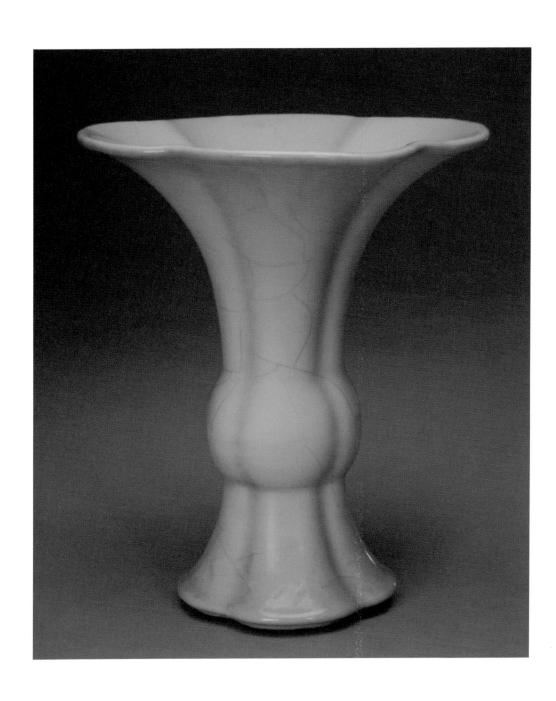

△ 图 6.27 清雍正海棠式花觚 | 故宫博物院 藏

图 6.28　清雍正海棠式花觚 | 台北故宫博物院 藏

因而它既保持了觚这种器形的基本形态（参看图 6.9），在众多的花觚造型中又显得与众不同。

这种结构的复杂性，自然给工艺造成了不可忽视的麻烦，常规的拉坯成形完全无法胜任，必须要借助模具才能完成。

此外，附加装饰更为困难。结构的复杂，使得花觚表面的区域前所未有的多变，时而弯曲，时而凸起，大小不一。总体上又保持着严密的逻辑与均衡，以至于任何装饰都必然要冒着牺牲结构之美的风险。

皇帝的选择颇值得赞赏。要保持简单，又不显得单调。

成功的一例（图 6.27）是运用了仿官釉（参看图 5.12），在近于白色的淡青色调中，以裂纹为饰，赋予一种特殊的质感，如玉，如石。这种看似裂纹的装饰，的的确确就是釉面的裂纹。

官釉继承自宋代官窑，位列宋代五大名窑，代表着宋代陶瓷美学的最高成就。这并非简单的模仿，毕竟宋代没有海棠式花觚这样的器形，但将之置身于宋代官窑瓷器中，也毫不逊色。

而另一种选择更为精彩，与官窑的素静文雅相反，它走向另一个极端，那就是窑变釉（图 6.28）。如同现代艺术，热烈的色彩泼洒，交融，却没有任何具体的形象，如抽象画。根本找不到两件一模一样的窑变釉瓷器，连近似的都没有。但有趣的是，它同样源自宋代瓷器，仿效的对象是钧窑（参看图 3.8），并列于五大名窑的榜单。

与仿官窑的亦步亦趋不同，这种装饰却并不满足于钧窑已取得的成就。它不但看起来大不相同，背后的美学取向也大相径庭。总体而言，钧窑虽然追求变化之美，却内敛而含蓄，满怀热情又温文尔雅。但窑变却恣意放纵：灿如烟火，绚烂无比。

有趣的是，工艺上却刚好相反。钧窑的变化看似含蓄却往往是失控的结果：红色的斑块可遇不可求，任何时候任何位置出现都会给人惊喜，颜色的变化难以预料更不受控制。而窑变釉看似妙趣天成，实际上却体现出工艺的高度成熟和强力的控制：主色调或红或紫或蓝，早已成竹在胸，虽然局部细微变化无法准确预估，但整体的效果却并不会彻底偏离最初的预想。真可谓随心所欲而不逾矩。

最热烈的作品无不伴随着高超的技艺与精准的控制（想想当代艺术家蔡国强的烟火作品）。

无论官釉的简单朴素或窑变釉的绚烂华美，虽然都是表面装饰，却仿如改变了瓷器的质地（两者并置，简直是两种完全不同的材料）。正因如此，它们才能丝毫不干扰结构本身的美，使无数观者得以沉浸，并惊叹于其如建筑一般的坚实、壮丽与宏伟。

清雍正黄地青花寿桃纹盘

|

两种意志

这里有两种意志，皇权的意志和美的意志。

尽管黄色并不天然代表皇权，但它最终成为皇权的代表。只是明代以前，黄色在陶瓷上并无杰出表现。

唐代的三彩，黄是最重要的颜色，但三彩的黄是一种土黄色，透明，浓郁，但不够干净，又常与绿色化在一起。虽然绚丽夺目，却很少用于日常，多是作为陪葬品。宋代瓷业大兴，从陈设到日用，很少见到黄色的踪影，宫廷也不例外。并非遭人冷眼，更多是技术的限制。

彼时既难以表现惊艳的黄色，瓷器本身的地位也远不如金银。更何况，金就是黄色。于是，当这种明艳的黄色一现身，皇帝就迫不及待了。在明代，黄色迅速增加，除了纯黄的瓷器，也尝试与其他色调搭配，最引人注目的，就是配青花。

这种搭配，最初的尝试在宣德时期，一登场就技惊四座。从存世的数量就看得出皇帝的重视：一则源于它的美，但也许更为重要的，它还完美地宣示了皇权：瓷器上，底色被称为"地"，所以这种装饰的手法，就叫做"黄地青花"。完美的谐音梗。

　△　图 6.29-1　清雍正黄地青花寿桃纹盘｜东京国立博物馆 藏

图 6.29-2　清雍正黄地青花寿桃纹盘（底部）

　　当一百多年后雍正皇帝看到这件瓷器的时候，一定大受感染，并感同身受，同时也极为敏锐地发现了它的不足。

　　这是一件效仿宣德黄地青花风格的瓷盘。原作瓷盘上的黄色是透明的。在黄色与蓝色交界处，根本无法界线分明，边界含混不清，蓝色透过黄色映出来——这必然同时弱化了青花与黄釉的色调。

　　这种对常人而言几乎难以觉察的细节，雍正皇帝却无法忍受，他下旨换成不透明的明黄色调。

　　不要轻视这一细小的变化，它让蓝色与黄色界线分明，清晰肯定，对比强烈——某些界线，有时候需要含糊，有时却要强调——盘面看起来更为惊艳。

而这背后包含的新材料的运用、技术的变革以及工艺的提升更加令人称道。这完全要归功于清初以来珐琅彩长期的艰苦实验以及终于取得的巨大成功。

看看这种黄色吧。如此夺目，却又波澜不惊，安然，匀静，完美无瑕。黄色是热，如果我们认为红色象征火，象征热情，黄色却在这种温度之上，象征太阳，能看到凡·高的影子。

儿时被送去绘画班，至今记得老师讲过的唯一一句话是：凡·高画出的黄色比黄色本身更黄。

黄色如何比黄色本身更黄？靠对比。

盘心的主体画面是青花寿桃纹，构图的方式与素三彩盘（参看图 6.5）相近。虽然是单一颜色，却表现出水墨意趣。这种水墨般的青花色调与黄色相互映衬。黄色因青花而丰满，青花因黄色而耀眼。

另一处变化更为大胆，宣德时的黄地青花，青花占满整个盘面，在这里，盘面边沿一圈的宽阔领地全部交给了黄色。这使它看上去像一个黄色画框。我忽然想起一个笑话。画展上，观众热情地赞扬：这幅画的画框真好啊！这听上去像是买椟还珠的另一个版本，但是阿城先生说，买椟还珠的人是真性情。

事实上，这一改变并非无足轻重，它让黄色成为画面的重要部分而并非只是可有可无的背景。它让我们意识到，即使去掉青花的画面，一块纯黄的瓷盘也自有其无与伦比的价值。

于是我们在此清楚地看到两种意志：皇权的意志和美的意志。

皇权的意志从来自以为无所不能，足以统治美，统治一切。但事实可能恰恰相反。数百年后，当人们目睹这件作品时，必定认为：胜利的，是美的意志。

清雍正十二色菊瓣盘

|

色彩的盛宴

雍正十一年（1733）四月十七日，内务府总管年希尧派家人把御窑厂烧造的瓷器呈给皇帝。其中有十二种颜色的瓷盘，深得皇帝欢心，下旨每种颜色再烧四十件。

这种瓷盘与寻常款式不同，清宫的文档记载为"菊花式"，现在都叫做菊瓣盘：盘子外沿像是菊花花瓣。

尽管盘形新奇优美，颜色纯净动人，不过单独看，很难引发惊奇的赞叹。但十二种颜色菊瓣盘依次摆开就如十二色菊花绽放——一场色彩的盛宴。

陶瓷上从来没有过如此众多的颜色。瓷器诞生后的数百年间，不过是黑、白、绿、黄几种简单颜色。唐宋以降，颜色艰难地增加，仍然极为有限。明代彩瓷兴起，青花五彩乱花迷人，但其实只是将已有的色彩运用得更为成熟，更为广泛，色彩本身仍嫌单调。五彩浓艳，最常用的也不过红、绿、蓝、黄数种，每种颜色更奢谈变化。

但这里，十二块瓷盘纯纯粹粹展现十二种色彩，仅绿色就有葱绿、湖绿等数种，都是从未曾有的颜色。而这也仅仅是当时所能使用颜色中

338　　　　　△　图 6.30-1　清雍正十二色菊瓣盘｜故宫博物院 藏

的一小部分。放在今天，也足以让人赞叹（事实上，此后还不断有新颜色继续烧造，传世的颜色远多于十二种）。

它呈现的方式看似简单，不过就是用一种颜色将菊瓣盘覆满，背后的困难却远非常人可以想见。

以单一颜色做装饰的瓷器叫做颜色釉或单色釉瓷。红釉就是通体红色，绿釉、蓝釉、黄釉都是如此，窑变釉颜色众多，也纯以颜色为美，天然雕饰，仍属颜色釉。宋代著名的汝窑、官窑、钧窑以及龙泉窑等，都能归入其中。

不过，不同颜色，所用的工艺大不相同，烧造的难度也差异巨大。比如颜色釉之中最难的是高温红釉，如永乐的宝石红、康熙的豇豆红等。但瓷器上的红色还可以通过低温的色釉，比如矾红、珊瑚红代替，却是完全不同的工艺。

因而十二色菊瓣盘看似仅需简单更换釉色，其实却要调动一个庞大的工艺体系。有的是高温色釉（比如古铜釉），需在素坯上施釉，高温下一次烧成；而黄釉却需要将素坯烧成瓷器，然后上釉二次低温烧造。即使同是低温色釉，操作的手法也大不相同（比如同是低温色釉，黄釉需要先烧成无釉的素瓷，而胭脂水釉则需要先烧出覆盖透明釉的素瓷）。但不管哪一种方法，要保持釉面的绝对均匀都是不小的挑战。更不必说菊瓣盘的表面有凹有凸，这无疑大大增加了工艺的难度。

但这还不是问题的全部，因为最终的成败要在窑火中检验，那更是充满风险的旅程。在烧制完成后，无从弥补或更改，因为是单一颜色，任何局部的色彩差异，都会赤裸裸暴露在观者面前，毫无遮挡，无可回避。如果我们仔细观察这组作品，坦率地说，以一个现代人的标准来看，根本算不上"完美"，比如盘面的颜色中甚至有不少杂有黑点（而十几

△ 图 6.30-2 清雍正十二色菊瓣盘 | 故宫博物院 藏

种颜色之中，最为名贵的高温红釉还未列其中）。

但这非但不是皇帝忽略了这些微小瑕疵，恰恰说明了制作的难度。以为皇帝可以不计任何代价肆意妄为，实在是个极大的误会。在工艺的高墙面前，皇帝有时也只能选择妥协。

更何况这已经是一项极为了不起的成就。新奇优雅的器形，纯正丰富的色彩，足以使之成为陶瓷史上的不朽经典。

但它的美还有另一重意境。在古代，菊花绝不仅仅只是一种观赏花卉，它与梅花、兰花、修竹并称为四君子。它是"采菊东篱下"的隐逸；是"朝饮木兰之坠露兮，夕餐秋菊之落英"的高洁；是"寒花开已尽，菊蕊独盈枝"的傲霜挺立。

雍正皇帝当然深谙此道。并没有确切记载皇帝本人亲自参与了设计，但在其授意下完成却没有疑义。事实上，他比大多数明代皇帝更懂得也更欣赏汉族的文化。

菊瓣盘以极其高超的工艺与丰富的细节处理，体现出细腻高雅的风格（细节本身却几乎难以让人觉察），由此更展现出皇帝个人的艺术修养、对器物的敏锐感觉以及高超的控制力。

于是，我们就不难理解，何以在短短十余年间，雍正一朝就开创出陶瓷史上一座新的高峰。

清乾隆粉红地粉彩扒花番莲纹碗

|

锦上添花

很难不感到愉悦！

轻柔的淡粉色，精致的器形，细腻描绘的华美花卉优雅地在瓷器表面伸展、蔓延、缠绕。

最引人注目的还是这种粉色。今天它遍布小女孩儿的卧房，装饰芭比娃娃的衣裙。如果要用一种颜色来代表女性，粉红完全没有对手。

不过在古代未必如此。直到 20 世纪 50 年代，欧美国家仍普遍将粉红视为男子气概的象征，是男孩卧室首选的颜色。

这种颜色在古代器物中极为罕见，瓷器更不必说，原因不难想见——是技术与材料的限制。

即使在色彩无比丰富的今天，这样的色彩仍然能够给人带来愉悦，不必说回到两百多年前。它最初能够给人带来的新鲜的激动，我们不难想见。的确，从陶瓷诞生开始，人们就努力发掘更多的色彩，经过一千多年，这样的色彩才得以在瓷器上出现。

不过，无论我们如何沉醉于这种色彩的美，我们很快会发现，这并不是单纯的底色。这种色彩上，遍布着细密的纹样，构成了色彩本身的

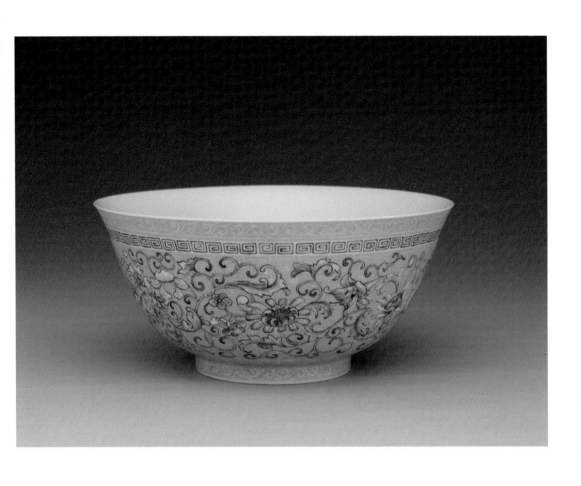

△ 图 6.31 清乾隆粉红地粉彩扒花番莲纹碗 | 台北故宫博物院 343

肌理。它不但使得欣赏变得更为丰富，装饰上更具有一种不同寻常的意义。"连续的涡状线条构成的浮雕背景，"欧文·琼斯在《中国纹样》一书中写道，"背景的巧妙处理柔化了装饰图案的浓烈色彩，令人印象深刻。"他在另一幅以同样方式装饰的图样上如此评价。

这种工艺叫做"扒花"，也叫"轧道"，是乾隆时期创造的一种新工艺：

> 制作起来不但单调乏味而且极为精细复杂：在高温烧制的白瓷上，用色彩填满需要扒花的部分（一般是主体纹样之外的空白处），再用针状工具细细地刻画纹饰，然后再低温烧制。扒花的扒，就是在釉彩上做精细的刻画。这一个字，仿佛让我们看到扒花匠师，凝神静气，手中稳稳拿捏住扒花针，头靠得很近，眼睛紧紧盯住器物的细部，一针一针，如临大敌。

> 这种装饰方法要把花卉间隙处全部填满，纹饰细腻繁密。对匠人而言，是一种重复、枯燥、细致的苦活：既费眼费神，又必须精神专注，心手相应，一丝不乱。（拙作《纹饰之美》）

这种工艺在狭小的空隙中再次提供了可供玩味的细节，却并不抢镜，它自觉地退居到背景位置，使得主体的花卉仿佛悬浮在刻画的花纹之上。于是，平面的装饰区分了两个层次，达到某种"立体"的效果。这在古代的平面装饰艺术中绝无仅有。

此外，它还提供了一层特殊的吉祥寓意，因为在背景上暗刻了花纹，被称为"锦地"，主体画面再绘花卉，合起来就成为"锦上添花"。

碗身装饰的布局并不复杂却颇具匠心，由上而下分为四层。最上面的一圈与圈足相呼应，以缠枝的连续曲线装点。碗身的主体部分是第三层，用粉彩精致地描绘舒展的缠枝花，因为都是曲线，所以背景的扒花就改成了回纹，方方正正，形成鲜明的反差。最特别的要算第二层的蓝色回纹，实在是神来之笔。它仿佛轻巧地拉开一道缝隙，让我们发现那背后隐藏着的另一个世界。但如果将这道青花回纹移到碗口，像大多数时候它存在的那样，这种神奇的体验将荡然无存。

尽管扒花工艺展现出令人惊异的效果，装饰本身却极易被人忽略。特别是当它出现在某些花瓶之上（它多数时候都出现在比较大型的器物上），几步的距离就足以令人无法觉察它的存在。

它的工艺高度复杂，制造的成本又极其高昂，但多数时候却不被人觉察，为人欣赏（在博物馆中往往被观众忽略），这看起来令人费解。人们会说，皇帝所好总是不必考虑成本。这是个误解。至少清代的皇帝个人的雅好——比如这只碗——所需的经费并非来源于国家财政，而是皇帝私人的荷包。皇帝每年精打细算，常常对不能达到要求的产品勒令督陶官自掏腰包予以赔偿。

在这个效率至上的时代，如此做法显然是极不"经济"的。尤其对这样的"奢侈品"而言，无疑其炫耀的功能远远大过个人享受的需要，它是一种展示，一种表演。扒花却安静地隐藏在主角背后，不被觉察，也毫不在意。

但我们忘记了，它本来就不需要观众——它是皇帝私人的玩好，近乎秘密的欣赏。它的确是奢侈的，但完全不需要展示。

真正的奢侈总是内在的，隐秘的，留给自己的。

一切真正的美好，又何尝不是如此？

清乾隆白釉番莲纹玲珑碗

|

要有光

即使今天我们已经被各种视觉奇观所包围，看到这件碗时仍会觉得不可思议。

碗的造型简洁优雅，堪称完美，直到今天它仍然是最为常见的碗形，以至于我们常常忘记它的美。眼前的这件，如果置身在寻常光线下，我们很难注意到它的存在，因为它太过普通，仅仅只是一个白色瓷碗，容易与我们日常所见混同。

但灯光向内一照，奇迹就产生了。

它捕捉了光。

这种瓷器被称为玲珑瓷。它源于陶瓷上的镂空雕刻工艺，这种工艺在陶器上早已成熟，并不新鲜。作为雕刻的一种，在其他的门类中也是屡见不鲜，如石雕、玉雕、木雕。镂空顾名思义，是将所需的纹饰部分刻穿，让光透过，空白处呈现出精美纹样，无变成有。

虽然巧妙，但在实用器皿上，这种工艺难有用武之地。早期陶瓷器上的镂空雕刻也是如此，仅止于陈设或赏玩。

玲珑瓷的出现却创造了奇迹。匠人们天才的技术创新，在镂空的部

图 6.32　清乾隆白釉番莲纹玲珑碗 | 台北故宫博物院 藏　▷

分再填上釉，烧成之后，空的部分也被釉层盖住，镂空处不再是空，但光照之下，又仍然是空的效果。

这并不仅仅是满足了使用的需要，使得这项工艺得以运用到实用的器皿，它还创造出另一种美，第一次，在瓷器上捕捉到光，以光为笔，绘出纹饰。即使今天看来，也足以令观众振奋不已。

但不得不说它是单调的：纯粹的白瓷，再无其他，仅仅是在原有的白上又刻掉了一部分。甚至这刻掉的部分在光线下也仍然只是白而已。

乾隆时期，装饰手法之多甚至远超清代以前陶瓷史的总和。乾隆皇帝本人又极热衷于创造新的装饰，挑战新的难度，花样百出，精益求精，甚至在原本再没有空隙的地方又开拓出新的装饰空间。这个白瓷碗，空空如也，正好是大展身手的领地，如一张印有精美暗纹的宣纸，等待着运墨挥毫。但这次，皇帝什么都没做。

不得不说这是最为高明的举动，它尽可能地减少色彩的干扰，以最少来展现其丰富。

摄影师动脉影先生极好地领悟了他的精妙，以至于照片上所呈现的状态会让人误以为是一张黑白照片。或者，是一张白色的照片。除了阴影的部分，只有灰白与白。这无限丰富的白，如同白色水墨。

多年以后，人们发明出一些更为简易而便捷的方法，用以大量生产出这种装饰的瓷器，一度依靠它出口"创汇"。

一方面，人们把玲珑纹样的复杂性降至最低，仅剩下米粒形的点；一方面，又嫌其单调，于是增加了青花的画面。于是，这种青花玲珑瓷在新中国成立后的数十年间风靡全国，并再次出口海外，以至于它竟然堂而皇之地置身于"景德镇传统四大名瓷"之列。但这，却无疑是时代精神与美学崩坏的最确凿的证据。

清嘉庆红地描金万福连连盖罐

极致的奢华

　　无论从目之所见还是其象征意义上看,它都体现出宫廷的极致奢华。

　　自陶瓷诞生之日到瓷业发达的宋代,陶瓷从未有与金属比肩的实力,金银自不必说,比起铜或铁也大为逊色。毕竟,陶瓷的材料是泥土,几乎不用计算成本。金属则不然,自身就有价值。即使没有任何工艺,浑浑沌沌,一锭金块也是价值不菲。

　　古代金银器受到重视,很大程度上是金银器本身就可以等同于货币。但这也造成了极大的困扰,那就是随时可能被重新熔铸,变成真正的"货币"。铜铁这样的金属还往往是战略物资,可以铸造武器。遇到战乱,宫廷里的金属器物都要贡献出来。

　　南宋以后,宫廷开始使用陶瓷作为礼器以替代金属,陶瓷的地位提升到新的高度。最具奢华意义的黄金,则渐渐退出了器用的舞台(至今,金银也多以首饰的面貌出现)。

　　虽然唐代定窑有用金包口的先例,但多数时间陶瓷与黄金并无关联。不过随着工艺的成熟,陶瓷也越来越需要体现皇家的奢华气派,将金运用于陶瓷顺理成章。

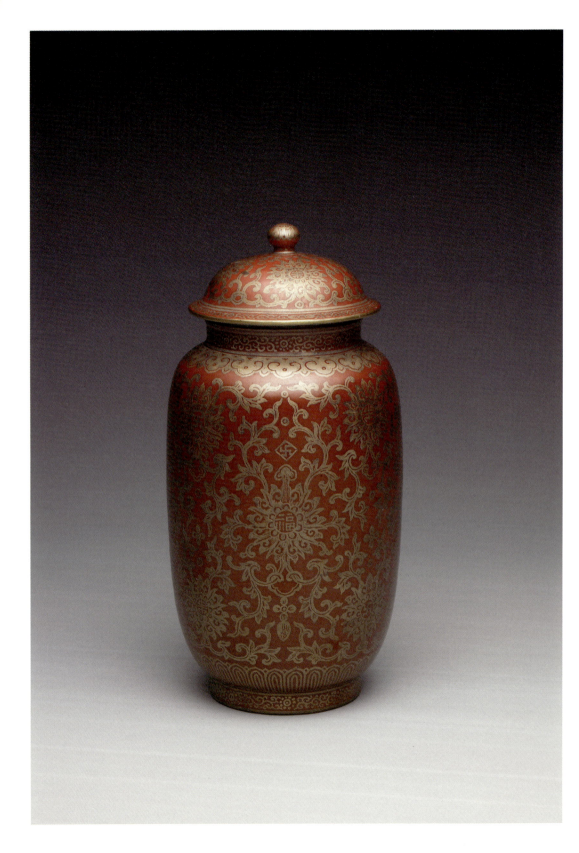

明代永乐时期就已经有在瓷上描金的尝试，但或许是因为技术不够成熟，并没有得到足够重视，台北故宫博物院的一件红釉描金的永乐官窑瓷器，表面的金居然只是粘上去的。成熟运用金做装饰，还要到清代。

这件盖罐无疑是杰出的代表。

工艺本身此时已经算不上有特别的难度。首先烧制好白瓷，再施珊瑚红釉低温烧造一次，最后描金第三次烧成。金是真金，匠人们需要先将金磨成粉末，调上大蒜汁，再用毛笔画在瓷器表面。烧成后，金呈现出哑光的状态，黯淡无光，但一经打磨抛光，就显出金的本色，光芒四射，金碧辉煌。

盖罐的样式典雅周正。盖钮是圆球，盖身半球，盖沿则成了圆盘，有了节奏。盖像盔像帽，戴帽的是身材匀称体态微丰的美人，风华正茂。

通身以珊瑚红打底，让人联想到宫墙，尽管它是另一种红，带着几分含蓄与内敛。

主体是宝相花，花蕊写成"福"字，福字上方还点缀着"卍"字纹，边饰辅助的纹样又是如意云头与莲瓣纹，种种吉祥如意，种种美好，在优雅的线条下尽现无疑。

盖罐无比华美，令人愉悦——无论是出于眼睛的渴望还是某种心灵的需要。尽管它从不提供任何保证，观赏者也从未真诚地相信它或许包含某种魔力。但愉悦是真实的，还默默地契合了某些愿望，这些愿望在任何时代、任何地域、任何文化中都会毫无阻碍地被认同，被接受。

但正因如此，这种美丽的装饰常常会被指为浅薄。的确，与其他伟大的艺术相比，它既缺乏思想的深度，更看不到制作者的热情（事实上它复杂的工序都分别由不同的工匠完成），有愧于艺术品的称号。

但给人愉悦，不也是艺术最为重要的功用之一吗？

◁　图 6.33　清嘉庆红地描金万福连连盖罐 | 台北故宫博物院 藏　　　　　351

清道光红地留白梅花纹盖碗

|

雅俗之间

我轻易地联想到剪纸。

于是思绪推得更远，跳到千年前的宋代。在景德镇更南方的吉州窑，匠人们天才般的想象，把剪纸直接贴在坯上，上釉后入窑烧制。剪纸烧尽的同时，也和釉发生不可思议的作用，竟然使它的残影不可更改地留在了瓷器上。

但这个盖碗的装饰手法，更亲近的源头或许不是剪纸，毕竟宋代之后，剪纸再没有与瓷器发生过确切的关系。倒是瓷器上发展出一种特别的装饰方法延续不绝，它叫"留白"。

不是国画的留白。

那是充满意味与想象空间的大片空白，是空气、云、水，是时间，是计白当黑，是以虚写实，是虚实相生，是有中的无，也是无中的有。留白不但是画法，还是中国人的哲学，乃至宗教。

瓷器上的留白却相反。它是把原本要画的部分空出来，而把原本"留白"的空间全部填满。填满后的空白就有了新的名称，叫"地"，红色就叫红地，合起来，画面上的这种就叫红地留白。

△ 图 6.34 清道光红地留白梅花纹盖碗 | 故宫博物院 藏 353

但最早出现的不是红地。元代使用的是蓝：青花的颜色。但这时候不是青花留白，而是用了蓝釉。简单理解，蓝釉就是将蓝色融在透明釉中，青花则是用蓝色绘画，再覆上一层透明釉，如同今天的手机贴膜。后来也有用青花的。图5.1里的两件，刚好是一种有趣的对比。

留出的空白才是真正的主角。碗面如长卷，盖如团扇。画梅与兰，全然文人画做派。除了轮廓，细节毫不含糊，工笔细细勾勒花蕊、叶脉以及树皮的纹理。

梅、兰与竹、菊合称为四君子，一直是文人最钟爱的题材，以至于成为独立的画种，有画家专以画兰竹闻名，乃至为业。东坡居士妙文盛赞文与可画竹，板桥先生以画兰竹名世。这既可见四君子受欢迎的程度，也是其影响逐渐扩展到民间的结果。四君子不再为文人独占。但这并没有影响到文人的热情，而梅兰竹菊倒成为雅俗共赏的典范。只是有时候，文人们难免要嘲弄一下那些并不真正懂得其精神，只会附庸风雅的市井之徒。

虽然在民间也广受欢迎，但其用意大不相同。在文人看来的清高、孤傲、独立的精神、不屈的风骨，种种代表文人品格与气节的特点，在民间统统展现着喜庆与吉祥。

冷傲的梅花是喜庆，王者香的兰花也是喜庆。喜庆最好用红色。

于是，这件出于道光皇帝宫廷御用的盖碗，表面上是满族皇帝认同汉族文人趣味的茶具，事实上却更具有民间的意味。它将水墨转化为红色装饰，将文人气息融入吉祥文化，而红地白花的喜庆中又透露出静谧与文雅。宫廷审美、文人趣味与民俗就这样不露痕迹地融合在这个小小的盖碗上。

盖碗这个名称实在缺乏想象力，碗上加了盖，叫盖碗。但这是彻头彻尾的茶具。

早期的茶具，多非因茶而生，不过为茶而用。比如茶碗，又或茶壶，多数都由酒具演化而来。盖碗不同，只是为了喝茶。

无从考证是谁的创意，也并没有确切的源头。大致出现的年代是清代早期。或许只是为了更好的保温，想到了加盖的做法，却创造出最经典的一款茶具。不过早期并没有专门的碗托，后来又加上，被叫做三才盖碗，并附会寓意"天地人"。老舍《茶馆》时所用的，就已经是三才盖碗了。

盖碗长久以来都是饮茶的器具，放入茶叶，冲上水，待凉，然后直接品饮，有种回到宋代点茶的意思。今天盖碗已经很少用作喝茶而成为泡茶工具，甚至发展出一套完整、复杂、多样的手法，做起来有板有眼，显得很有几分高雅，让普通人不敢小看。

清大雅斋瓷绿地墨彩菊花纹渣斗

|

一个女人的生活与爱

慈禧太后作为大清王朝最后一位实际的掌权者，在近代历史上恶名昭彰。似乎中国近代屈辱的历史，都要首先系于这个罪恶的女人。这当然过于简单，日本学者加藤彻在其《西太后》一书的副标题上就写下：大清帝国最后的光芒。

但我要说的是一位生活讲究、品味不俗的女人。

把这件瓷器上的画面展开，去掉底色，完全是一幅水墨菊花手卷。从任何角度看，都符合文人审美的意趣。底色也并不突兀，古代本就有制作精良的彩色宣纸。

这种画法叫墨彩，雍正时期已有纯熟运用（参看图 6.24），并不新鲜,空白处填上颜色的做法可以追溯到明代以前。但两种工艺合在一起，还是首次。比起黄地、红地，这里的绿地干净素雅，既不破坏水墨的格调，又使纯黑纯白不显单调：毕竟，瓷器上模仿水墨的效果总难尽如人意。宣纸上的墨气淋漓，在瓷上墨是墨了，淋漓就勉为其难。追求水墨意韵又能扬长避短，不得不说是高明的举动。

单独看已经足以令人称叹，却不知这仅仅只是同一风格系列作品中

图 6.36　清大雅斋瓷紫地粉彩花鸟盒 | 台北故宫博物院 藏

的一件。这个系列作品之丰富，数量之众多，风格之强烈，史无前例，至今也无来者。

系列的设计，竟是在慈禧太后的亲自主持下完成，其中一部分设计稿流传至今被博物馆收藏。它完全是为了满足一个女人个人生活的需要，从文房用具到餐具花盆。

比如图 6.35 的这件叫渣斗。宋代《文会图》上就已现身。渣斗用在餐桌上以盛鱼刺、肉骨、残渣。元代文人笔记中，就有"宋季大族设席，几案间必用筋瓶、渣斗"的记载。但不限于餐桌，也见于茶席。不过今天的人们看到容易联想到痰盂。没想到歪打正着，渣斗起初就叫唾壶，最早出现在汉代。

这不过是其中的一个小件。最多的是花盆。画面大都是花卉，偶有画鸟，倒成了花间点缀。除了墨彩，更多是粉彩。比如图 6.36 这件捧盒就是。

　　尽管花鸟画是传统绘画的最重要的门类之一，但这里的画面更具女性视角。比如雍正乾隆时期花鸟画讲究画必有意，意必吉祥，如果画面上是月季与鹌鹑，就代表"四季平安"；又或者文人笔下花卉多有人格的象征意味，像梅兰竹菊。但慈禧这里，却是回到了花卉的自然之美。

　　慈禧的确酷爱花卉。她不但命人大量种植花卉，甚至常常亲自修剪，起居坐卧更是处处不离；她爱饮花茶，食花瓣，以花入馔，调理美食；甚至自己画得也相当不错。美国画家卡尔在《清宫见闻杂记》中就说"太后不特能书，兼能为画。其所画之著色花草，神彩如生，不减名字"。

　　作为风格强烈的设计，最突出的特点还是色地，色彩之多，史无前例。红、黄、蓝、绿紫、豆青、藕荷，简直难以计数，每种颜色常常还有深浅变化，以至于即使不填地时，白瓷的本色，也成了"白地"。

　　于是，任何一件与另一件摆放在一处，无论器形、大小、功能有多大的差异，都能轻易看出它们是出于同一个系列的设计。

　　前所未有。

　　即使是康、雍、乾三朝，皇帝本人既酷爱瓷器（热爱的程度远远超过慈禧），甚至亲自参与设计，但每一朝的瓷器都风格多样，品种众多，尽管它们或多或少反映出皇帝本人的品味与意趣，但并不具备统一的个人风格。我们常常会认为它们反映的是一个时代。

　　但这里，只有一个女人，她为自己设计，供自己享用。

　　格外引人注目的还有一个细节，那就是大部分瓷器上都有鲜明的三字楷书"大雅斋"，因此这一系列瓷器也被称为大雅斋瓷器。

作为古代文人对自己书斋取名的惯常做法，这并没有什么特别之处，甚至会被认为是附庸风雅。但事实上，它却大有文章。它并非固定的书房，而是牌匾，共有两块。

其中一块曾悬挂在紫禁城内的"平安室"。"平安室"是养心殿的西耳房，康熙时期曾是造办处所在，后来雍正皇帝也曾在此居住。"平安室"是咸丰皇帝取的名字，咸丰六年，慈禧太后在此生下了后来的同治皇帝。同治皇帝即位，这里仍是慈禧太后休息的地方，直到同治亲政，太后移住"长春宫"，才把"大雅斋"的匾一并带去。

而另一块匾悬挂的地方，正是"天地一家春"。这是圆明园中一处建筑，慈禧选秀入宫时，便居住于此。而咸丰皇帝，也正是在此临幸了当时的"兰贵人"，是两人爱情开始的地方。

"大雅斋"匾由咸丰皇帝亲手书写，看得出慈禧太后对此的珍视。所以在她亲自定制的瓷器上，都要写在显耀的位置。"天地一家春"，也设计成印章的样式，成为画面的必要组成。而底款，则会工整地写上"永庆长春"。这一系列的瓷器，如今也被称为"大雅斋瓷"。（拙作《捡来的瓷器史》）

由此看来，大雅斋瓷器完完全全是慈禧作为一个女人的全部才情、趣味、嗜好以及爱情的体现。

图书在版编目（CIP）数据

　　古瓷之光 / 涂睿明著 . -- 长沙：湖南美术出版社，
2021.7
　　ISBN 978-7-5356-9464-5

　　Ⅰ . ①古… Ⅱ . ①涂… Ⅲ . ①古代陶瓷 - 鉴赏 - 中国
Ⅳ . ① K876.3

　　中国版本图书馆 CIP 数据核字 (2021) 第 068272 号

古瓷之光

GUCI ZHI GUANG

涂睿明　著

出 版 人　黄　啸
出 品 人　陈　垦
出 品 方　中南出版传媒集团股份有限公司
　　　　　上海浦睿文化传播有限公司
　　　　　上海市巨鹿路 417 号 705 室（200020）
责 任 编 辑　王管坤
装 帧 设 计　祝小慧
责 任 印 制　王　磊
出 版 发 行　湖南美术出版社
　　　　　（长沙市东二环一段 622 号）
网　　　址　www.arts-press.com
经　　　销　湖南省新华书店
印　　　刷　深圳市福圣印刷有限公司
开　　　本　889×1194　1/16
印　　　张　23.25
字　　　数　212 千字
版　　　次　2021 年 7 月第 1 版
印　　　次　2021 年 7 月第 1 次印刷
书　　　号　ISBN 978-7-5356-9464-5
定　　　价　138.00 元

如有倒装、破损、少页等印装质量问题，请与印刷厂联系调换。
请联系电话：021-60455819

出 品 人：陈　垦
监　　制：余　西　于　欣
出版统筹：戴　涛
编　　辑：林晶晶
装帧设计：祝小慧
内封摄影：动脉影

欢迎出版合作，请邮件联系：insight@prshanghai.com
新浪微博：@浦睿文化